꽃비 내리는 창가에 서서

이 동 식 시·산문집

시와사람

꽃비 내리는 창가에 서서

■ 프롤로그

꽃비 내리는 창가에 서서

얼굴을 간지럽히는 햇살 아래 바람이 발꿈치를 들고 지나갑니다. 낯선 기척에 놀란 아침은 살며시 창문을 열었습니다. 퍼레이드가 지나간 길가에 뿌려진 색종이처럼 붉은 장미 꽃잎이 화려하던 자태를 감추고 창가로 흩날립니다.

꽃은 마음을 환해지게 합니다. 유대인 화가 "마르크 샤갈"은 몽환적이며 초현실주의의 많은 작품을 남겼습니다. 그는 제2차 세계대전과 유대인 대학살을 경험한 사람입니다. 어려운 시대와 환경을 겪은 예술가들은 정서적으로 불안하고 어두운 감정을 꺼내어 예술 활동을 합니다.

그러나 마르크 샤갈은 밝고 화려한 색상과 꿈같은 상상의 나래를 펴는 그림을 그렸습니다. 유난히 그의 그림에 꽃다발이 많이 등장합니다. 그는 인생의 우여곡절을 많이 당했음에도 환상적인 표현과 꽃다발이 많이 등장하는 특별한 이유에 대해 "꽃다발은 사람들에게 축하의 의미가 있듯이 그림을 만나는 모든 사람들에게 밝고 희망찬 마음을 꽃으로 표현하여 선물하고 싶었다"고 하였습니다.

가장 화려한 시절을 '꽃같이 피었다'고 표현 합니다. 꽃은 피려고 할 때부터 마음을 설레게 하며 숨죽이며 기대하며 기다리게 합니다. 꽃이 피어나면 향기를 날리며 사람도 나비도 벌들도 모이게 만듭니다. 아름다운 꽃이 사그라져 갈 때가 되면 더 아름다운 씨앗이 맺히고 열매가 맺혀 집니다. 자연은 예사롭게 우연히 진행되는 것이 하나도 없습니다. 화려함도 내려놓고 멋지게 퇴장하는 꽃잎에는 사명을 감당하고 기꺼이 자리를 비껴주는 숭고한 희생이 배여 있습니다. 꽃잎은 비록 찢기고 바람결에 하염없이 날려가고 발밑에 밟혀질 때도 끝까지 향기와 아름다움을 전해주는 위로의 메신저입니다. 꽃잎에서는 고향 냄새가 납니다. 멈춰버린 시계에 태엽을 감고 시간을 오늘에 맞춰 심장소리를 다시 들어 봅니다.

그동안 감춰 두었던 작은 조각들을 모아 보았습니다. 벌레 먹고 상처난 꽃잎을 모아 화관(花冠)이 되었습니다. 먼저 창조주 하나님께 영광을 올려드립니다.

주제별로 잘 정리해 주신 시와사람 편집실 강나루 실장님께 진심으로 감사드립니다. 한국문인협회 평론분과회장인 강경호 평론가님과 주옥같은 사진으로 함께 장식해주신 〈포토월드〉 김미애 대표님 그리고 나의 보물 같은 동역자인 무안읍교회 교인들과 사랑하는 가족들께 감사드립니다.

꽃비 내리는 창가에 서서 오늘도 힘들고 지친 우리 마음을 보듬어 주고 쉼을 얻는 작은 쉼터가 되길 소원합니다.

남산기슭 행복한 글방에서 이 동 식

■발문

노래와 말씀의 언어

강 경 호
(시인, 한국문인협회 평론분과회장)

　오늘날 시인은 시만 읽고 시를 쓰고, 수필가는 수필만 읽고 수필만 쓰는 시대, 이동식 작가는 시집과 수필집도 읽고 시를 쓰며 수필을 쓴다.
　융·복합시대에 문학도 장르간의 통섭이 있어야 한다. 그럼으로써 보이지 않던 것도 보이고 시에서 서사를 노래할 수 있고 수필에서 시를 만날 수 있기 때문이다.
　장르간의 벽을 허물어야 한다는 생각을 오해해 왔다. 문학과 미술이, 문학과 음악이, 그리고 미술과 음악이 서로 소통하는 시대에 문학이라는 울타리 안에서조차 서로 담을 쌓고 있으니 참으로 답답한 마음이다. 장르간의 벽을 허물 때 비로소 보다 넓은 세계가 펼쳐지는 것은 당연하다.
　이동식 작가는 참으로 아름다운 사람이다. 시골교회에서 반평생을 목회를 하면서 이토록 아름다운 시와 에세이를 함께 경영해 왔다. 그는 천성이 소년 같은 선한 눈매를 가졌지만, 생의 비밀한 것들을 진중한 언어로 명쾌하게 시와 수필로 때로는 노래하고, 때로는 이야기를 들려주고 있다. 더불어 그의 글들은 일상에서 만나는 사소한 것에서도 보편적인 가치를 발견해내는 힘을 지녔다. 이는 거대담론을 탐구하는 것만이 문학적 제재가 되는 것이 아니기 때문이다.

이동식 작가의 이번 시·에세이집은 시와 에세이가 사계의 정서와 메시지를 담아내고 있다. 먼저 펴낸 『햇살이 머무는 사랑의 뜨락에서』의 연장선상에 있다. 시를 통해서는 우리나라의 전형적인 기후환경인 춘하추동의 정서와 자연이 주는 다양한 메시지를 노래하고 있다.

에세이는 신앙의 깊이와 구원에 이르기 위한 문학인으로서의 순수한 욕망을 드러내고, 한편으로는 한 인간으로서의 보다 나은 삶을 위한 성찰과 통찰의 지혜를 묘파하고 있다. 그의 글은 동·서양을 넘나들며 폭넓은 식견을 통해 인간의 보편적인 가치를 이끌어내는 데 능숙하다.

이동식 작가의 시·에세이집은 자연을 내밀하게 살피며 노래하여 인간이 지닌 가장 따스한 서정을 촉발시킨다. 이러한 그의 문체는 낭만적이고 부드러워 마치 소년 같은 순수함을 드러낸다. 그러므로 그의 글을 읽는 것만으로도 독자들은 마음이 정화되고 순결해진다. 이러한 힘은 이동식 작가의 온화한 성품에서 비롯된 것으로 문학과 사람이 하나가 되는 모습이다.

한편으로 이동식 작가의 글은 부드럽지만, 그 뒤에 숨겨진 것은 예리한 칼과 같은 차가운 이성이다. 이 이성의 힘으로 인간의 삶에 대한 진정한 성찰과 통찰을 이끌고 있다.

결과적으로 이동식 작가는 그가 절대적으로 믿는 신앙의 세계로 독자들을 안내하고 그의 신앙이 바라보는 지점에 이르를 수 있도록 하는 것이 그의 문학적 전략이라고 할 수 있다. 그렇다고 그의 문학은 설교가 아니다. 그저 자신이 체험하여 체득한 이야기들을 시와 에세이를 문학이라는 형식 안에서 정제된 언어를 통해 복음처럼 전해주는 노래이며 깊은 묵상의 말씀이다.

꽃비 내리는 창가에 서서 / 차례

■ 프롤로그 —— 4
■ 발문 —— 6

愛 _ 실꽃 한 송이 피워놓고서

시 실꽃 한 송이 피워놓고서 —— 18
    종종종 —— 20
    세방낙조 —— 22
    꿈속의 어머니 —— 24
    명절이 끝나고 —— 26
    불면증 —— 28
    모래 위의 발자국 —— 30
    조롱새 —— 32
    자화상 —— 34
    슬픈 강물 —— 36
    청보리 밭 —— 38

春 _ 꽃비 찾아온 창문 앞에서

시   꽃비 찾아온 창문 앞에서 ──── 43
      몽돌 해변에서 ──── 44
      봄비 ──── 46
      입춘 ──── 47
      뻐꾸기 우는 언덕 ──── 49
      봄처럼 ──── 50
      봄 처녀의 사랑 ──── 51
      찔레꽃 연가 ──── 52
      묵향을 품고 ──── 54
      바람 부는 산상에서 ──── 56
      외로운 바위섬 ──── 57
      봄에 부르는 노래 ──── 60

수필 인생을 아름답게 노래합시다 ──── 63
      더욱 더 믿고 사랑하면서 ──── 66
      푸른 은혜의 단비를 기다리면서 ──── 69
      인걸(人傑)은 간 데 없다 ──── 73
      작품에 새겨 놓은 위대한 고백 ──── 76
      순간을 기억하라/내 인생 최고의 말 ──── 79
      오늘도 하룻길 선한 발자취를 남기면서 ──── 83
      자연이 가르쳐 준 인생의 교과서를 안고 ──── 86
      봉산개로 우수첩교(逢山開路 遇水疊橋) ──── 89

푸르른 희망의 계절을 맞으면서 —— 93
변명의 나팔보다 소망의 안테나를 높이 세우고 —— 96
신록이 생명과 회복을 노래하는 계절에 —— 99
모래시계 위에 인생을 읽다 —— 103

夏 _ 순백의 백련처럼

시　　순백의 백련처럼 —— 108
　　　긴 하루 —— 109
　　　시계꽃 —— 110
　　　향기에 들켜버렸네 —— 112
　　　동 터 오르는 산길에서 —— 114
　　　혼자 걷는 길 —— 116
　　　해당화 —— 118
　　　새벽 비 —— 120
　　　여름고개 합창단 —— 122
　　　향모 —— 124
　　　자귀나무 향기 담아서 —— 126
　　　마음 망태에 —— 128
　　　항구에서 —— 130
　　　무더운 아침 —— 131
수필　내게로 떠난 한여름 밤의 여행 —— 134

잃어버린 가치(價値)를 찾아서 —— 137
이어령의 마지막노트 "눈물 한 방울" —— 140
목마른 한 영혼을 부르면서 —— 144
놓쳐버린 보물을 찾아서 —— 147
볏잎에 구르는 영롱한 물방울처럼 —— 151
길 가를 달리는 킥보드의 교훈 —— 155
고향의 진한 향기를 그리워하며 —— 158
그리운 어머니의 음성 —— 161
행복한 에필로그(epilogue)를 준비하면서 —— 165

秋 _ 달빛을 따라 창문은 열리고

시   달빛을 따라 창문은 열리고 —— 170
가을 —— 171
가을 리허설 —— 172
달빛 창가에서 —— 173
어느 새 —— 175
동탄의 아침 —— 176
로즈마리 피어나는 언덕 —— 177
추석이 다가오는데 —— 178
코스모스 —— 180
주님의 숲에서 —— 182

　　　　나도감나무 —— 184
　　　　모정 —— 187
　　　　익어가는 가을 —— 188
　　　　가을이 지네 —— 189
　　　　꽃무릇 —— 190
수필　낙엽에서 인생의 겸허(謙虛)를 배우다 —— 194
　　　　거인의 족적(足跡) 같이 —— 198
　　　　해 저무는 들녘에 서서 —— 202
　　　　숲길에 흐르는 가을날의 피날레 —— 206
　　　　꽃길에 불어오는 행복한 바람처럼 —— 209
　　　　고향으로 돌아오는 길 —— 212
　　　　내 마음 갈 곳을 잃어 —— 216
　　　　다시 데리러 오겠습니다 —— 219
　　　　익어가는 가을날의 품격(品格) —— 223
　　　　어머니의 감나무 —— 226

冬 _ 행복이 피어오르는 고향

시　　나에게 묻는다 —— 230
　　　　겨울 비 —— 231
　　　　꿈 속의 고향 —— 232
　　　　둥지 —— 234

심동지(池)의 아침 —— 237

갈매기 노래 부르고 —— 238

대왕암에 기대어 —— 239

외로움 —— 240

눈 —— 242

청춘 —— 244

섣달의 둥지 —— 246

설날 —— 247

겨울로 향하는 이정표 —— 248

난로 곁으로 —— 250

수필 원 웨이 티켓(ONE Way Ticket) —— 252

인생의 조각 천을 색동옷으로 —— 256

단풍(丹楓)보다 더 아름다운 낙엽(落葉) —— 259

역사가 가르쳐 준 겨울을 준비하면서 —— 263

과이불개(過而不改) —— 267

시린 마음들이 모여드는 따뜻한 난로가 되어 —— 270

연륜에 어울리는 흔적을 남겨야 —— 274

시간의 팡세 —— 277

희망의 열차에 부푼 가슴으로 —— 280

희망의 동산을 향하여 —— 283

실꽃 한 송이 피워놓고서

한적한 들녘
아무도 찾아 주지 않던
뒷산 언덕 자락에
물망초 한 송이 피었습니다

지나치노라면
존재도 못 느끼는 그 자리
오늘 아침 눈 비비며
이야기꽃을 피워놓았습니다

산모퉁이 언덕에
수줍었던 마음 속 고백
작은 실꽃으로 꺼내어
여리디 여린 노래를 부릅니다

바람에 흔들리는
실꽃 한 송이 피워놓고서.

ⓒ 허은자

종종종

종종종
참새 한 마리
마당을 뛰어 다닌다

날개를 푸덕이며
날아가도 될 터인데

마당에
한 발이라도
더 머물고 싶은 마음 때문인지

오늘도
내 마음 어설픈 뜀뛰기
종종종이 되었다.

세방낙조

붉은 심장
푸른 하늘에 태워
달려온 여정
잠시 멈춰 생각에 잠긴다

푸른 새벽
동 터 부풀던 꿈의 풍선은
바람 빠져
사라진 탄력으로 내려 앉았다

연기를 마치고
무대 뒤로 퇴장하는 배우처럼
석양의 발걸음은
아쉬움에 무겁게 머뭇거린다

이제는 돌아갈 시간
저 바다에 내려놓은 지친 꿈을
봉긋 솟은 섬 뒤로 감추고

아직 식히지 못한 열정은
무너져 버린 시간 뒤로 퇴장을 준비한다

마지막 호흡소리
석양의 태양은 더 붉어졌다
아쉬움일까? 섭섭함일까?
후회를 머금은 미련은 할 말이 많은 모양이다

종일
저 산 너머 슬픈 초상집 눈물을 닦아주고
뒷마을 들판 생명을 심어주었고
물에 젖은 주부의 손길 보송하게 말려 주었다

아무도 보이지 않는 바닷가
마지막 사랑을 품은 거룩한 불덩이는
저 깊은 세방의 바닷속으로 붉게 사그라진다.

꿈속의 어머니

지난 밤 꿈속에
어머니께서 오셨습니다

떠나가신 후
못 살 것 같던 젖은 마음도
무디어져 말라버리고
제법 씩씩한 척 걸어왔는데

잊고 사는 아들
군불 지펴 뎁혀주시려
사랑스런 그 마음
여전한 모습 그대로 이셨습니다

지는 낙엽 위로
찬바람이 불어옵니다

아!
어머니의 품이 또 그리워집니다.

명절이 끝나고

봄날 햇살을 따라
반가이 돌아온 처마 밑 제비
오순도순 사랑을 차렸다

머리보다 큰 입을 벌리고
어미의 사랑을 부르며
부대끼던 제비집 둥지
어느덧 날개 치며 날아가 버렸다

빗방울 방울져 내리는 처마 밑
동그마니 텅 빈 둥지에
남겨진 깃털에 묻은 체온을 찾아
어미는 혼자 둥지를 떠나지 못한다

명절이 끝난 오후
멈춰버린 시계 꺼내
떠나버린 새끼들 흔적을 모은다.

불면증

깊이 밟아 달리던
나귀 한 마리
곯아 떨어져 죽은 줄 알았다

꿈도 꾸지 못하고
몇 시간 초저녁잠으로
가장자리 침상에 쓰러져 있었다

새벽이 되었나
놀라 자리를 털고 일어서보니
이제야 한밤중
아직도 사방은 고요하고 어두운데

다시 부르는 잠 손님
멀리 떠나 돌아오지 못하고
양을 세다 지쳐 말똥거리는 두 눈은
어둠 속에 희미하게 빛을 밝힌다.

모래 위의 발자국

솔잎 사이로 수줍게 다가온
운무에 젖은 오월의 하얀 바람이
외로운 나그네의 팔짱을 끼며
살며시 고개를 기대어온다

지친 갈매기의 슬픈 노래가
짙은 바다 노량의 그리움을 퍼 올려
죽방렴이 멸치 떼를 부른다

긴 물그림자 드리운 대교의 붉은 심장은
바쁜 사공의 뱃길을 붙잡아 세워
붉은 실타래를 풀며
하루의 안부를 묻는다

한 송이 보랏빛 꽃
은모래 해변에 살짝 피워놓고서
사라져 버린 향기를 찾아
모래 위의 발자국은
아직도 백사장만 하염없이 맴돌고 있다.

ⓒ 허은자

조롱새

그 곳에 가면
언제나처럼 동그마니
그루터기 위에 네가 있었다

작은 체구에
전하고 싶은 너의 애절한 사연은
숲 속에 울림이 되어 멀리 퍼져 흘러내린다

무정한 나그네
붙잡고 호소하는 너의 억울함
미안하다 알아주지 못해서

너의 그 간절한 마음
누가 알고 풀어 줄거나.

ⓒ 이동식

자화상

나는
병들어 뒤틀린
굽은 나뭇가지가 좋다

바위 때문에 돌아가는
비뚤어진 길이 좋다

나는
바람에 날려
찢긴 꽃잎이 좋다

누렇게 손때 묻어
찢어진 노트가 좋다

왜냐고요
잉크냄새 나는 새 책 새 옷이 좋고
신상의 세련된 자동차
나도 새 것이 좋다

그러나
내 모습 닮은
애정이 가는 분신 같아서 좋다.

ⓒ 이동식

슬픈 강물

태고부터 참아 쌓인
감춰둔 눈물보
분노의 포말을 일으키며
곤두박질 쳐 쏟아져 내린다

성난 협곡의 회오리바람에
찢기고 막힌 단장(斷腸)이 솟아오르고
고통스러움 삭이는 물길은
슬픈 노래가 되었다

동병상련의 여린 인생
물 언덕길 거슬러 눈물 삼키고
한숨 머문 거대한 물 절벽에는
붉은 빛 꽃줄기 밧줄삼아 오른다

실컷 두드려 맞으면서도
아프기보다 도리어
속마음 풀어 쏟아낸 시원한 물길에

다시는 담지 않을 마음을 털어 비운다

팍상한 폭포*에
슬픈 눈물이 흐른다.

*팍상한 폭포 : 필리핀에 있는 관광지

ⓒ 김미애

청보리 밭

슬픈 선운산의 전설이
초록빛 눈물되어 흐르다가
모양성 아낙의 버선 아래 멈춘다

'높을 고 넓을 창' 높고 넓은 분지란 뜻일까?
'높을 고 소리 창' 목 메인 명창의 판소리가
고수의 방구 가죽을 얼리며
황토 땅 낮은 곳으로 울려 구른다

동학의 후손들의
민생고 채우려는 배고픔을 이름일까?

청보리밭 흐린 이랑 사이에는
슬픈 봄비가 흐른다

절박한 굶주림에
허리 젖혀 굽혀진 힘들었던 그 시절
목구멍이 포도청,

형방보다 무서웠던 민생고의 간절함에도
더디게 자라 가슴 조이며 통보리 불에 굽던 소년의
간절한 기다림은 까만 추억이 되었다

눈물과 땀이 피처럼
동학의 역사가 흐르는 황토밭 위에 청보리가 피었다

연인들은 감동하며
앞다퉈 아름답다 추억을 담을 때
잠깐만
슬프던 그 시절 힘겨운 역사를 잊지 말라는
녹두의 눈물은
보리밭 사잇길에 녹색비로 내린다

흔들거리며 긴장한
낯설은 청보리 밭은
농부의 늙은 아들에게
고향이 되어 주었다.

春

꽃비 찾아온
창문 앞에서

꽃비 찾아온 창문 앞에서

언제 부터인지
내 마음의 창문은
그 쪽을 향해 열려 있습니다

봉긋하던 벚꽃이
아침 바람에 실려 와
하얀 꽃비 되어
내 마음의 창가로 가득이 내리어 옵니다

오늘 아침
나의 눈빛은
우체부 기다리는 처녀가 되어
자꾸만 고개가 돌아갑니다

거기로
사뿐히
봄이 오시는 까닭입니다.

몽돌 해변에서

아침을 머금은
뻐꾸기의 노래가

벌써
동창을 밝히며
하늘을 열어 놓았다

밤새 몽돌에 새겼던
기나긴 고백은

햇살 앞에 부끄러워
다 닦아
지워버렸다

찔레꽃 하얀 꽃잎만
찢어 버린 편지가 되어

햇살 바람을 타고
바다를 향해 날아간다.

ⓒ 허은자

봄비

소리 내어
비가
내리고 있습니다

저녁이 내리는
숲길

살짝 고인
빗물 위로
대지의 심장이
박동합니다

생명이
내려오십니다.

입춘

물맞이 골
잠든 웅덩이 아래로
살얼음을 두드리는
입춘의 아침이 열린다

입가에 하얀 김이 오르고
솜털 옷 끼워 입은
겨울 나그네 어깨 위로
얇은 햇살의 미소가 내린다

오늘은 입춘!
겨울을 찾은 봄의 전령은
내가 왔노라, 선언하는 사자후로
산곡의 아침에 봄 햇살을 채운다.

ⓒ 이성은

뻐꾸기 우는 언덕

깊은 숲 메아리 되어
골짜기를 흐르는
뻐꾸기의 구애에
안개 속에 숨은 아침을
떨리는 가슴으로 깨어나게 합니다

희미한 가지 위
허리를 두드리며
깨어 놀란 멧비둘기는
쉰 목을 풀며
그리움의 기지개를 펍니다

희미하게 사라져가는
숲 속의 언덕 위에는
하얀 동화 속
그리운 물결이 되어
고요의 강물로 흘러 내려옵니다.

봄처럼

햇살이
호반 위로
내려 왔습니다

출렁이는 물살에
간지러운 듯
보석처럼 반짝입니다

예쁜 표정 지으며
봄처럼
활짝 웃어 보세요.

봄 처녀의 사랑

눈꽃 덮였던
가지 끝
눈물 맺혔던 자리
붉은 움이 돋았다

잠자던 대지 깨우며
봄이 왔다고
벙어리 속마음
몸에다 새겨 피어 보인다

제발
애타는 연정
눈치라도 채서
알아 달라고.

찔레꽃 연가

먼 산을 깨우며
메아리 되었던
뻐꾸기의 노래도 그치고

동구 밖까지
구애하던 세레나데
멧비둘기 소리도 사라져 버린

조용해진 나의 오솔길

외로이 남아
소박한 면사포 온 몸에 걸치고
말없이 자리하고 네가 있었다

진하던 향기
아카시아 하얀 잎도
사그라진 적막한 산길에

노루 발에 밟힌 줄기
찢겨진 잎새 사이로
햇살 받은 미소로 수줍게 웃는다.

ⓒ 허은자

묵향을 품고

풀려져 약해진
시계태엽처럼
시간의 자국 위에
흐릿한 기운이 그려져 간다

누군가 기다리며
거울 앞의 누이처럼
나의 본심이 탄로 난 시간

꿈같은 세월 분주한 마음이
공들여 그려낸 화선지 위엔
습작처럼 거칠어진 아쉬움이 세월을 품었다

다잡은 억울한 시간의 손은
다시금 태엽을 칭칭 감아 채우고
굵어져 무거운 붓 끝에
소원 담아 갈아 낸 욕심을 가득 묻힌다

깊은 향을 밴
무디어진 붓 길은
화선지에 연민으로 머물고
갓 태어난 어린 새우란은
봄바람 불기만 간절하게 기다린다

양지 바른 돌 섶에
걸터앉은 나그네
그림 속 주인공이 되고
묵향 품은 나비는
사뿐히 어깨 위로 내렸다.

바람 부는 산상에서

물감을
부어 낸 것처럼

온 자락이
창포 비단폭처럼 널려

바람에
출렁대며
한들거립니다

엎질러진 마음에
바람이
내려앉습니다.

외로운 바위섬

갈매기 몰고 온
파란 저 해원의 자락에
나그네를 기다리는
작은 섬이 살고 있습니다

건너 섬 물 따라 구경 온
솔씨 형제 바위에 품어 붙잡고
못 된 파도 손님
가슴으로 맞아 친구가 되었습니다

먼 길 다녀 온 지친 날개
쉴 곳 만들어 안아 재워주고
촛대 바위 올라
하얀 손 흔들어 떠나 보내주었습니다

거북 손 갑옷을 걸치고
저물어 가는 석양빛에
먼 바다 향기 묻은 젖은 바람에
하얀 보름달이 물 위에 떠오릅니다.

봄에 부르는 노래

　겨울잠에서 깨어난 만물이 아침 햇살에 기지개를 켜며 봄날의 창문을 열었습니다. 살랑거리는 조용한 바람은 양지를 찾아 피어난 제비꽃만 흔들어 놓았습니다.
　햇살에 맺힌 아침 이슬은 보석처럼 빛나고 신선한 아침 공기는 봄의 푸르른 꿈을 피어나게 합니다.

　60년대 우리나라 은막의 주인공이었던 고 윤정희 님이 세상을 떠나면서 우리에게 알려져 다시 주목받기 시작한 시가 있습니다. 영화감독이 직접 지은 그 시가 영화〈시〉에서 바로 여인의 맑고 순수한 삶의 향기 담은 그리움 가득한 인생사의 독백이 되어집니다.
　이 영화 속의 시는 「아네스의 노래」라는 이창동 감독의 작품입니다.

"그곳은 어떤가요. 얼마나 적막하나요. 저녁이면 여전히 노을이 지고 숲으로 가는 새들의 노래 소리 들리나요. 차마 부치지 못한 편지 당신이 받아볼 수 있나요. 하지 못한 고백 전할 수 있나요. 시간은 흐르고 장미는 시들까요. (중략) 이제 어둠이 오면 다시 촛불이 켜질까요. 나는 기도합니다. 아무도 눈물은 흘리지 않기를 내가 얼마나 간절히 사랑했는지 당신이 알아주기를. 여름 한낮의 그 오랜 기다림 (중략) 당신의 작은 노래 소리에 얼마나 가슴 뛰었는지 (중략) 나는 꿈꾸기 시작합니다. 어느 햇빛 맑은 아침 깨어나 부신 눈으로 머리맡에 선 당신을 만날 수 있기를" (이창동의 「아네스 노래」)

문학에서 시는 다른 장르보다 더 존중하는 느낌이 듭니다. 그래서 다른 작가들은 수필가, 미술가라고 부르지만 시인은 시인이라고 사람 인(人) 자를 쓴다고도 합니다. 물론 시인들의 이야기일 수도 있지만 시는 삶의 노래이며 삶의 눈물이고 시 속에는 사람의 땀 냄새도 나고 속마음의 문이 열려 들여다보게도 합니다. 봄날의 햇살에 따스함을 느끼지 못하면, 봄바람 속에서 달려오는 시간을 만나지 못한다면 우리 마음은 여전히 겨울입니다.

이미 피어난 봄꽃들은 진한 향기로 후각을 깨우고 일어나 함께 갈 소중한 시간의 출발점에 나를 청하고 있습니다. 가장 슬기로운 왕으로 일컬어진 솔로몬은 삼천의 잠언을 말할 정도로 지혜의 왕이었습니다. 그리고 1,000여 편의 노래를 지어 불렀습니다. "쉬르 하쉬림" 즉, 노래 중 노래 그중에 엄선된 가장 아름답고 최고의 시입니다.

봄의 시는 행복한 사랑의 노래입니다. "나의 사랑하는 자가 내게 말하여 이르기를 나의 사랑, 내 어여쁜 자야 일어나서 함께 가자 겨울도 지나고 비도 그쳤고 지면에는 꽃이 피고 새가 노래할 때가 이르렀는데 비둘기의 소리가 우리 땅에 들리는구나 무화과나무에는 푸른 열매가 익었고 포도나무는 꽃을 피워 향기를 토하는구나 나의 사랑, 나의 어여쁜 자야 일어나서 함께 가자 바위 틈 낭떠러지 은밀한 곳에 있는 나의 비둘기야 내가 네 얼굴을 보게 하라 네 소리를 듣게 하라 네 소리는 부드럽고 네 얼굴은 아름답구나"(개역개정 아가서 2장10-14절)

봄은 기상나팔과 같은 시간의 창문을 열어 줍니다. 나 역시 게으른 하품을 그치고, 두꺼운 옷을 벗어 버리고, 희망찬 아름다운 봄의 꽃동산으로 힘차게 달려 나가야 할 것입니다.

아직도 겨울의 올무를 끊지 못한 춘래불사춘(春來不似春)의 커튼을 걷어 버리고 봄의 찬가를 부릅시다. 봄나물을 찾아 나선 나물 캐는 소녀들처럼 새싹이 돋아나는 푸른 들판으로, 봄바람을 가르며 달려가는 청년들처럼 봄 향기 흠뻑 묻어나는 생명의 찬가, 봄날의 노래를 불러봅니다.

인생을 아름답게 노래합시다

목마른 대지를 향한 하늘의 선물이 갈라진 농부들의 가슴을 식히며 내려옵니다.

꽃샘바람이려나? 매서운 냉기와 함께 다가온 새벽바람은 하얀 벚꽃 잎을 눈송이처럼 날리며 돋아나는 연둣빛 새싹의 잠을 깨워 올라오게 합니다. 제비꽃 가녀린 꽃송이가 흔들리는 잔디 위로 순백의 꽃잎이 애처롭게 쌓여갑니다. 가느다란 가지 위에 이름 모를 작은 새가 목청을 높여 아침을 부르고 있습니다. 어렵게 주인공을 찾아보니 주먹보다 작은 새, 그 작은 몸에서 온 산을 울리는 외침이었습니다.

소리는 자신을 표현하는 수단으로 발달되어 왔습니다. 원시 시대는 당연히 자신의 존재감을 드러내거나 자신과 공동체의 영역을 보호하기 위한 기본적인 위협의 수단이었을 것입니다. 그리고 그 소리가 언어로 그리고 감정을 담은 노래로 사용되었을 것입니다.

　최근에는 음향을 연구하고 이론을 정립하여 학문으로 발전시켰습니다. 소리란 물체의 진동이 귀에 도달하여 감지되는 것입니다. 물론 우리는 이 소리를 다 들을 수가 없고 어느 주파수 범위, 이른 바 가청 주파수 안의 소리를 듣습니다. 이 가청 주파수 밖의 더 큰 소리나 더 작은 소리는 들을 수가 없습니다. 예컨대 지구가 자전과 공전을 하며 내는 엄청난 우레 소리를 들을 수 없도록 창조주는 인간의 귀를 가장 유용하게 창조하신 것입니다. 빛이 1초에 30만 km를 이동한다면 소리는 느려서 약 340m를 이동하며 사람들은 느리지만 이 소리에 감정 메시지를 담아 전달하면 그것이 언어가 되고 음악이 되는 것입니다. 소리의 3요소로 소리의 높고 낮음을 음정이라 하며, 소리의 크기를 음량, 배음 구조의 차이를 음색이라 합니다. 여기에 리듬으로 박자를 구성하고 그리고 선율을 따라 멜로디를 입히고 서로 화성을 조합합니다. 이렇듯 작곡을 하고 연주하여 그 감동을 전달하는 것이 음악 예술입니다.

　문학가는 글로 자기의 감정과 의사를 표현합니다.
　음악가는 소리와 음악의 메커니즘을 조정하여 마음을 지배하는 음악을 작곡하고 연주합니다. 민족마다 음악이 다르고 민족 감정도 다릅니다. 시대마다 음악 장르도 변화무쌍하게 달라집니다. 가슴에 각인된 음악의 멜로디는 수년이 흘러도 마음속에 남아 있어 향수와 추억 그리고 치유의 효과를 가져 오기도 합니다.

내가 사랑하는 한 음악가가 있습니다. 그는 일본인이지만 양심적인 사람으로 '일본은 위안부 문제를 사과해야 한다'며 평화를 외치고 주장하던 사람입니다. 영화 〈마지막 황제〉의 OST를 작곡한 "사카모토 류이치", 그는 아시아 사람으로 처음 아카데미 음악상을 받았습니다. 오늘 아침은 가슴을 울려주는 그의 얇은 피아노의 울림 소리와 함께 하루가 열리고 있습니다. 그는 자서전에서 "나의 걸음을 뒤돌아보니 (중략) 보잘것 없는 존재라는 것을 알게 되었다"고 자신을 평가했습니다. 그는 며칠 전 덩그러니 음악만 남겨두고 우리 곁을 떠났습니다. 아쉬움이란 늘 있는 법이지만 그가 떠난 날 내리는 비에 젖은 하얀 벚꽃은 '맑게 그리고 싸우지 말고 서로 존중하라는' 듯 피아노의 하얀 건반 위에 시를 적어 놓았습니다. 우리 인생도 피아노 앞에 앉은 연주자들이 아닐까. 희망의 찬가, 또는 슬픈 애가를, 때론 묵묵히 그냥 무심코 두들기다 때론 멈춰서는 손가락처럼, 쉼없이 우리 인생이 연주되고 있는 것입니다.

한 천재적인 음악가의 피아노 선율 위로 하얗게 벚꽃이 흩날립니다. 목청껏 아침을 깨운 이름 모를 새처럼 흔들리는 세상에 앉아 비에 젖은 작은 몸짓과 가슴 속 감정을 꺼내어 인생의 노래 한 곡조, 조용히 불러봅니다.

더욱 더 믿고 사랑하면서

　봄을 재촉하는 비가 야속하게도 인사만 하고 떠나 버린 오후 오랜만에 어린 시절 친구들을 만났습니다. 귀엽고 까만 눈동자가 예뻤던 친구는 이제 주름살도 훈장처럼 새기고 머리카락마저 줄어든 친구들도 있었고 늘 병치레하던 약하던 친구가 건장한 몸이 되어 나타났습니다. 그중 제일 달라진 것은 늙었다는 것입니다. "익어간다"고 어느 가수가 애써 위로하려 하지만 익어가는 것 같지만 몸이 반응하는 현실은 사실 늙어졌다는 것입니다. 그래서 만나는 친구들의 인사말이 "야 너 많이 늙어 버렸구나?"하면서 웃었지만 한결같은 것은 여전한 맑은 천진스런 성품이었습니다. 오늘의 만남이 어찌보면 인생의 쉼 없는 삶의 전쟁터에서 살아남은 생존자라는 증거 같았습니다. 친구들의 모임은 허물이 없는 일이지만 그래도 자존심 등으로 얼굴을 감춘 친구들도 있다는 생각에 가슴이 아려오기도 합니다. 이구동성으로 하는 말이 "이제라도 연락 좀 하고 살자." 대부분 퇴직을 하고 일선에서 물러섰기에 시간적 여유로운 사람들입니다.

최근에 튀르키예와 시리아에서 일어난 한 세기만의 규모가 가장 커다란 지진으로 무려 7.8의 강진이었습니다. 거기엔 수없이 많은 사람이 죽었고, 실종자도 수십만 명 정도 된다고 하니 가히 무서움과 충격입니다. 지금도 강도 6이 넘는 강한 지진이 계속 되고 있다고 하니 구조대도 국가도 속수무책인 모양입니다.

우리는 자연의 무서운 재앙 앞에 인간이 얼마나 나약하고 무력한지를 실감하게 되었습니다. 부요해진 생활 형편과 최첨단의 기술력으로 이루어진 도시와 마을이 한 순간에 무너져 내리는 현장에서 인간은 신의 이름을 부르며 긍휼을 구하는 수밖에 없었습니다. 알고 보면 다 감사할일인데 우리는 지금 이 순간 순간을 보호하시고 지켜주시는 은혜를 못 느끼고 소중한 사람들을 귀한 줄 모르고 살아갑니다. 이는 시대적인 사탄이 만들어 놓은 프레임에 길들여져 버렸기 때문입니다.

기독교 신앙의 전통적 나라 독일에 내려오는 「마귀의 도끼」라는 이야기가 있습니다. 마귀들의 목적은 인간성을 무너뜨려 삭막한 삶으로 넘어지게 하는 것입니다. 그 회의에서 마귀는 인간을 깨뜨리고 부술 특수 무기를 만들기로 했습니다. 그것은 세 가지 도끼였습니다. 그 세 가지를 다 사용하지 않아도 마귀는 무서운 도끼였습니다. 도끼 중 하나는 사람들 간에 서로 믿지 못하고 신뢰감을 무너뜨리고 관계를 잘라버리고 깨뜨리는 "믿음을 깨는 붉은색 도끼"였습니다. 그리고 또 하나는 사람들의 마음에 희망을 담지 못하게 하는 "희망을 부수는 파란색 도끼"입니다. 마지막은 서로 사랑하지 못하게 하고 미워하게 만드는 "사랑의 줄기를 자르는 검정색 도끼"였습니다. 우리는 지금도 이 도끼에 공격을 받아 비틀거리고 있습니다.

 오랜만에 만난 친구들과 헤어지면서 자주 만나자고 다짐했건만 믿지 못하고 사랑하지 못하고 희망마저 없는 삶을 살아갑니다. 그 속에서 우리는 사랑을 회복해야 하겠습니다. 내일 일을 모르는 연약한 인생길에서 더 사랑하고 더 신뢰하고 응원하고 최선을 다해 힘을 내서 더욱 더 사랑하고 하나 됨으로 연약한 인생길에서 남은 시간을 행복으로 채워보겠습니다.

푸른 은혜의 단비를 기다리면서

모처럼 내린 금 같은 봄비가 땅에 떨어지기 아까워서 풀잎 끝에서 초롱초롱 빛나는 새벽입니다. 지난 가을부터 부쩍 줄어든 강수량은 겨우내 조금 내린 눈마저도 건조한 눈이어서 수분을 많이 함유하지 못해 그야말로 엎친 데 덮친 격으로 온 대지가 목말라 있습니다. 시냇가로 불어오는 봄바람에 하늘거리는 수양버들은 연둣빛 잎사귀를 드러내었지만 말라버린 강물의 수위 때문에 젖 보채는 아기처럼 어색하게 춤을 추는 듯합니다. 농부들은 날마다 목마른 논밭의 작물들로 안타까워 스마트폰 일기예보를 뒤적이며 마치 물길을 찾듯이 비오는 일기예보를 찾아보고 있습니다.

이 세상의 모든 것의 생명은 당연히 물을 통해 유지됩니다. 그래서 천체를 연구하는 과학자들에게는 물이 곧 생명의 유무 존재의 기준이 되기도 하는 것입니다. 유엔이 고심하고 고심하던 문제를 들고 회의를 개최하였습니다. 이른바 "물 지키기 회의"를 통해 인류의 공동 재산이고 생명의 근원인 이 세상의 가장 귀한 자원인 물에 대한 지구촌을 향한 답답한 심경을 촉구하는 경고와 같은 메시지였습니다. 지난 3월 22일부터 사흘 동안 "유엔 물 회의"가 열렸습니다. 유엔 사무총장은 여기서 이 물을 "生命血"이라 표현하며 "이 생명혈인 물이 지구 온난화로 증발되고 무분별한 소비로 고갈되고 있다"고 경고하였습니다. 이미 아프리카 100여 나라와 동남아 등 많은 지역이 사막화 되었거나 초기 사막화의 징조가 진행되고 있다는 것입니다. 이는 무분별한 목축과 산림자원 훼손으로 땅이 머금은 수분이 사라졌기 때문입니다.

그래서 지구 표면의 30%정도와 10억 명 정도의 사람이 식량 불안정과 기아와 빈곤으로 고통당하고 있습니다. 이러한 현실은 우리나라 한반도에도 적색불이 이미 켜졌습니다. 이제 우리는 글로벌한 지구촌의 문제로, 이웃 나라 문제로만 생각하면 안 되는 때가 되었습니다. 유엔식량기구가 2021년에 "국가별 물 스트레스 수준의 진전보고서"에는 우리 대한민국이 아프리카와 중동에 이어 85.52%의 물 부족 현상을 나타내는 것으로 보고되었습니다. 우리나라 개인 당 물 소비는 세계 3위입니다. 그리고 이미 봄과 겨울 가뭄은 매년 연례행사처럼 일어나고 있고 지금 이미 전국의 중요한 상수원과 도서지역은 식수가 말라가고 있습니다. (자료출처. 국민일보. 유엔 세계 물의 날 2023-3-22. https://baedomi.com/85) 물이 사라진다면 상상하기도 힘든 일들이 벌어집니다. "보츠나와의 응가미 호수"를 찍은 한 사진 기자의 사진이 이런 현실을 실감나게 보여주며 충격을 주었습니다. 물이 말라버려 물을 먹지 못한 모든 짐승이 흙더미 속에 말라 죽어가고 있는 끔직한 현장 사진이었습니다. 이 사진이 더욱 충격적인 것은 이것은 곧 사람들의 모습으로 나타날 것이기 때문입니다.

봄바람과 함께 찾아와 선물처럼 아침을 열며 내려준 새벽 비가 보석처럼 햇살에 빛나고 있습니다. 너무나 반갑고 고마운 마음에 제법 물기가 젖은 촉촉한 들길을 걸어 봅니다. 그리고 생기를 찾은 쑥들과 피어난 개나리꽃과 고개 내민 식물들과 인사를 나누어 봅니다. 그리고 내 마음에 손을 넣어 만져봅니다. 목말라 허덕이던 대지처럼 나도 모르게 말라버렸던 나의 마음에도 단비가 내렸나 살펴봅니다. 오늘 아침에는 언제부터인가 은혜의 단비를 못 만나 척박해지고 날카로워진 마음을 새벽 비의 촉촉함으로 진정시켜 봅니다. 그리고 다시 생명을 깨우고 일어날 푸른 은혜의 단비를 기다립니다.

ⓒ 이가은

인걸(人傑)은 간 데 없다

영산홍 꽃잎이 뿌려진 해변, 종일토록 집게들과 고둥과 이름 모를 수많은 바다 친구들이 건설하고 닦아놓은 길들과 남긴 모래 위의 집이 탑처럼 높이 쌓여 있습니다. 밝아오는 해변의 아침은 지난 밤 달빛 아래 이룩해 낸 거대한 생명이 머문 역사의 한 장입니다. 그러나 잠시 후 들어오는 밀물의 어루만짐에 눈물로 얼룩진 자국과 권력의 높다란 탑도 다 사라져 흔적조차 남지 않을 것입니다. 그러나 그 자리를 머문 생명들과 사람들은 그 시간을 살아왔듯이 또 다시 소중한 시간을 살아갈 것입니다.

성지순례 차 이집트 카이로와 주변의 문화 유적을 둘러본 적이 있습니다. 한 시대 전 세계를 호령했던 파라오들의 호령소리와 군사들의 함성이 먼지나는 사막 위에 그려졌습니다. 피라미드는 고대 이집트의 파라오들의 권력과 영혼 불멸을 믿는 그들의 지하 궁전입니다. 수많은 권력자들이 남겨 놓은 피라미드가 무너지고 부서지고 도굴되어 많이 사라졌습니다. 그러나 현재 남은 것만 해도 80여 개나 된다는 말에 놀랄 정도였습니다. 그 중 한 곳은 밑변이 무려 227미터의 정사각형에 높이가 146미터에 달합니다. 돌무덤은 돌 하나의 무게가 2.5톤이며 230만 개를 쌓았다고 합니다. 기간도 20여 년 동안이나 걸렸다고 고고학자들은 추측도 합니다. 5,000년 전에 그들이 영원한 권력을 염원하며 미라로 만든 시체와 각종 보석으로 만든 장신구들을 보관한 장엄한 피라미드도 구경꾼이나 찾지 그 영광을 기억해 주지도 그들을 기억해 주지도 못합니다. 그래서 우리에게 중요한 시제는 과거도 미래도 다 중요하지만 현재입니다. 현재는 과거의 열매이며 미래의 터전입니다. 그러므로 오늘을 소중히 여기며 최선을 다해 선한 흔적과 향기를 남기며 살아가야 합니다.

  고려 말 선비이며 조선 초 벼슬을 사양한 야은 길재는 조선이 개국한 후 수도를 한양으로 옮긴 후 500여 년 동안 고려의 도읍지였던 개성을 방문하여 느꼈던 참담한 심정을 시로 노래했습니다. 그는 포은 정몽주, 목은 이색과 함께 '여말삼은(麗末三隱)'으로 일컬어지는 고려의 충신이었습니다. 과거 여러 필의 말과 수많은 사람들로 북적이던 개성의 시가지 길에 혼자 필마로 들어서는 외로움과 허전함 그리고 쇠락한 도시의 모습에 인생무상(人生無常)으로 가슴이 아팠던 것입니다. "오백 년(五百年) 도읍지(都

邑地)를 필마(匹馬)로 돌아드니 산천(山川)은 의구(依舊)하되 인걸(人傑)은 간 데 없다 어즈버 태평연월(太平烟月)이 꿈이런가 하노라"(길재의 「회고가」, 『야은집』) 이 세상 누구보다 부귀와 영화 그리고 권세와 최고의 지혜자였던 솔로몬은 전도서라는 노래를 통해 "헛되고 헛되며 헛되고 헛되니 모든 것이 헛되도다 … 해는 뜨고 해는 지되 그 떴던 곳으로 빨리 돌아가고 바람은 남으로 불다가 북으로 돌아가며 … 모든 강물은 다 바다로 흐르되 바다를 채우지 못하며"(전도서1:1) 지혜로운 그의 눈에 보인 인생의 현주소는 허망한 세상이 아닌 흔들리지 않고 변함이 없을 오직 하늘에 대한 위로와 소망이었습니다. 세상 모든 것은 사라지며 흘러갑니다. 그러나 반드시 스모킹 건처럼 흔적과 싸인이 나타납니다. 모든 사람들의 행동이 CCTV에 기록되어 있듯이 지금 내딛는 나의 발걸음에 인격의 문양이 찍히는 선하고 향기 나는 발자취를 남기고 싶습니다.

작품에 새겨 놓은 위대한 고백

며칠 째 자욱이 안개가 낀 듯 미세먼지가 몽환의 풍경을 연출하면서 시야를 가로 막습니다. 안개 같으면 이미 사라져 버렸을 시간이지만 미세 먼지는 여전히 우리 주위를 떠나지 않고 가득합니다. 최근 개봉되어 유명했던 영화 〈헤어질 결심〉의 영상 속 안개는 그 영화의 여운을 오랫동안 가슴에 남게 하는 잔상이 되었습니다. 자연현상은 예술가들의 감성을 깨웁니다. 꽃처럼 내리는 함박눈도 거센 바람과 함께 몰아치는 눈보라도 예술가들은 공감합니다. 싹이 오르고 꽃이 피어나고 때론 향기를 토하고 시들어가는 꽃에서 자기의 인생을 읽어냅니다. 떨어지는 꽃송이와 함께 눈물을 흘리며 애잔한 가슴을 부여잡습니다. 아침의 강렬한 빛에도 저물어가는 하늘의 붉어진 노을에서도 거기 감정을 덧칠

하며 한없이 바라봅니다. 자연과 환경은 우리가 살아가는 감정의 집입니다. 달려가며 주저앉아 울다가 기뻐 뛰며 행복해 웃다가 그 안에 하룻길을 걸어가고 있는 것입니다. 그 때의 마음을 스스로도 기억하고 간직하며 알리고자 하는 마음이 우리에게 있습니다. 그래서 이 땅에 사람들은 누구나 자신의 감정이나 그리고 사상 그리고 소망을 담아 그것을 표현하고 남기고 알리고자 하는 염원을 가지고 있습니다.

 원시 시대 인류의 조상들도 동굴이나 암벽에 그들의 삶을 암각화로 또는 채색화로 남겨 놓았습니다. 물론 인류 역사는 수많은 예술품의 현장입니다. 특히 문학가들은 글을 통해 역사적 사실 뿐만 아니라 감정까지 시나 수필·일기 등으로 기록합니다. 화가는 수채화·유화 등 그림기법으로 묘사하여 그려냅니다. 음악가들은 목소리와 악기 연주로 멜로디를 통해 표현하며 조각가들은 조소를 통해 붙여내고 깎아내서 그들의 숨은 가슴을 담아 놓습니다. 오랫동안 서예와 동양화 그리고 서각으로 국내외 미국까지 명성을 가진 현포 이만일 장로님의 전시회를 다녀왔습니다. 이 작품들에 그는 마음의 감정을 꺼내어 나무에 새겼습니다. 작품 속에는 그의 인품과 삶의 지표가 표현되어 있다는 것을 금방 알게 합니다. 그래서 그분의 작품을 보고 나니 마치 그분을 만나 깊은 교제를 마치고 돌아서는 감동을 갖게 만들어 냅니다.

 '네덜란드 라이덴에서 출생한 세계적인 화가 렘브란트 반 라인은 역사상 가장 위대한 예술가 중에 한 분입니다.' 그는 빛과 어둠을 통해 강렬한 집중력을 가지게 한 메시지를 담은 작품을 많이 남겼습니다. 렘브란트의 작품에는 그의 신앙적 고백이 표현되어 있습니다. 그의 여러 작품 중 자화상은 자신을 성찰하고자 하는 것이라면 「십자가」와 「돌아온 탕자」 「스데반집사의 순교」 「빌라도 법정의 재판」 등의 그의 작품에 자신의 얼굴을 그려 넣어 자신이 그 작품의 일부분으로 등장하는 공통점이 있습니다. 「돌아온 탕자」 그림에는 탕자를 맞이하는 아버지 옆에 자신이 서 있습니다. 「빌라도의 법정」에서 소리 지르는 한 사람이 바로 자신이었습니다. 「스데반의 순교」라는 그림에서는 돌을 들고 치는 무리 중 자신이 거기 있습니다. 그는 이 그림 속의 사건에 자신을 그려 넣은 것입니다.

 신학자 토레이에게 제자가 물었습니다. "선생님, 많은 번역본 중 어떤 성경이 뛰어난 책입니까?" "그건 자네 삶으로 번역한 성경 일세" 서각 전시회를 통해 현포 선생님을 만나고 나오는 감동으로 나의 가슴에 고백을 담은 사랑을 오늘이라는 돌판에 새기어 봅니다.

순간을 기억하라/내 인생 최고의 말
- Carpe Diem Memento Mori

　며칠 전만 해도 보리가 익어가던 온 들판이 녹색 카페트를 깔아 놓은 듯 벼가 무럭무럭 자라고 있습니다. 똑같은 터전인데 얼마 전에는 보리를 키워내던 벌판이 이제 벼를 품고 키우는 위대한 사명을 감당하고 있습니다. 가까이 다가가 보니 새파랗게 자라는 벼들은 마치 거기서 오랫동안 자리하고 자란 듯 이미 그 논의 주인공으로 자리하고 있습니다. 대지를 향해 뜨거운 태양의 열기를 뿜어내는 하늘 위로 점 같이 하얀 비행기가 지나갑니다. 저 비행기 안에도 수많은 사람들이 갖가지 중요한 사연을 담고 어디론가 향하면서 도착하면 곧 자리를 비우고 떠날 텐데 자기 좌석을 차지하고 만족해하며 있겠지 생각하면서 하늘을 바라봅니다. 최근 환경보호운동이 전 세계적으로 구체화되어 가고 있습니다. 이 지구도 우리가 우리 조상들이 살던 터전을 우리가 이어 받은 것처럼 다음 세대에게 넘겨주어야 하므로 우리는 오염되거나 훼손되지 않도록 환경을 돌보며 노력하는 것입니다.

얼마 전 지인이 소중한 직임을 맡아 그 자리에 취임하는 행사에 참석했습니다. 거기서 그는 이 직분 역시 잠시 후면 지나가는 것이며 최선을 다하겠다고 소감을 말하였습니다. 우리는 어떤 자리에 서게 되면 그래도 꽤 오래 그 자리를 누릴 것이라 생각하기도 합니다. 그런데 그분은 벌써 떠날 때를 생각하면서 취임하는 모습에 참 멋진 그의 다짐을 느낄 수가 있었습니다. 아마도 그분은 임기가 끝나도 후회가 적고 보람 있게 그 직임을 감당할 것이라는 신뢰가 갔습니다.

고대 로마의 아우구스 황제 때 시인이었던 호라티우스는 그의 라틴어 시에서 "Carpe Diem(카르페 디엠)"이란 말을 통해 '현재 우리 삶을 소중히 하라'는 명언을 남겼습니다. 이는 "현재를 잡아라" "현재를 즐겨라"로 번역되기도 하지만 "우리 삶을 매 순간 충실하게 살아가라"는 경각심을 주는 메시지입니다. 또한 그 말과 함께 "Memento Mori(메멘토 모리)"는 로마사회의 격언이 되었습니다. 메멘토 모리는 "당신도 죽는 다는 사실을 기억하라"는 것입니다.

요즘 청정농사를 짓는 사람들이 늘어 농약을 안 치거나 적게 하고 금비보다 퇴비를 사용합니다. 또 오리 농법이라 해서 논 가운데 청둥오리를 키우며 벼농사를 짓는 환경 친화형 농사가 있습니다. 청둥오리는 기러기과로 시베리아에서 번식합니다. 겨울이 되면 우리나라에 날아와서 지내다가 돌아갑니다. 청둥오리는 날개 힘이 좋아 먼 거리를 오가는 철새입니다. 그런데 논에 농사를 위해 넣어둔 청둥오리는 날지를 않습니다. 사육장의 하늘 부분을 막아 놓지 않아 물어보니 청둥오리는 영양가 많은 사료를 먹고 살이 찌면 몸이 무거워 날지 않고 그러다가 자신들이 날아다니는 새라는 것을 잊어버린다는 것입니다. 먹는 것에 걱정이 없어 하늘을 나는 것을 포기하고 날았던 기억도 못한다는 것입니다.

미국의 저명한 내과 의사인 '래리 도시(Larry Dossey)'는 10명 중 8명이 시간에 쫓기는 '시간병(Time-Sickness)'에 고생한다고 합니다. 늘 시간이 달아난다는 느낌 속에 허둥대며 가속 페달을 밟듯 계속 서두르는 것입니다. 벌판 위의 벼와 보리도, 비행기 속 승객도 모두 시간에 쫓겨 살아갑니다. 오늘도 나를 통해 지나가는 일들과 사람과 시간들에 최선을 다하는 주인공으로 살아가야겠습니다.

"Carpe Diem Memento Mori (카르페 디엠 메멘토 모리...현재를 잡아라. 죽음을 기억하라)"의 명언을 되새겨 봅니다.

오늘도 하룻길 선한 발자취를 남기면서

　신록이 짙어가는 산길에 성급한 소나무는 노란 꽃가루를 날리며 더워져 가는 여름을 맞이합니다. 아쉽고 허망함 속에 늘 후회로 쌓여지는 인생사 위에 또 한 겹의 오늘이 흔적으로 덮여집니다. 봄이 되면 그동안 꽁꽁 얼었던 위축된 마음과 대지가 감춰둔 생명의 원동력으로 대지를 회복시키듯 새싹으로 채워줍니다. 그리고 그 땅이 꿈을 심는 희망의 동산이 되어집니다.
　며칠 전 한반도의 땅 끝에 오랜 아름다운 역사를 가진 교회의 설립기념식에 다녀왔습니다. 그 지역에는 한반도의 대표적인 공룡화석지로 알려진 해남 우항리 공룡화석 자연사박물관이 있는 곳입니다. 멸종되어 버린 거대한 육식공룡과 하늘을 날았던 익룡 및 여러 새들의 발자국화석이 생생하게 드러난 곳으로 1998

년 천연기념물 394호로 지정된 곳입니다. 여기에는 공룡발자국이 823개 그리고 익룡 '해남이크누스 우항리렌시스'의 발자국이 무려 443개가 동일 지층에서 새 발자국화석과 발견되었고 공룡뼈 화석도 발견된 곳으로 오래 전 흔적을 만날 수 있는 곳입니다. 이 세상에 모든 것은 흔적을 남깁니다. 특별히 사람이 살아가며 남긴 긍정적인 흔적을 업적이라고도 합니다.

오랜 역사를 지닌 예배당을 돌아보면서 그동안 그 곳에서 눈물 흘리며 땀 흘린 사람들의 땀과 눈물이 거름이 되고 생명이 되어 피워낸 오랜 유적 같은 동산의 고목과 꽃들을 만났습니다. 누군가 여기에 이 나무를 심었을 것이고 이름 모를 봉사자가 이 나무를 전정하며 물을 주고 가꿨을 것입니다. 그리고 헌신적인 어느 주일학교 선생이 나무 아래 이 바윗돌 아래에 앉아 쉬며 주일학생들을 모아 성경을 가르쳤을 것입니다. 수사관들은 범죄현장에는 반드시 범인의 흔적이 남는다고 합니다. 어떤 사람은 의미 있는 소중한 흔적을 남기고 어떤 이는 부끄러운 흔적을 남기기도 하는 것입니다.

최근 하나님의 부르심을 받은 한승헌 변호사는 그의 좌우명에서 "자랑스럽게 살지는 못하더라도 부끄럽게 살지는 말자"였습니다. 그의 빈소에는 서초구청에 전시되어 있던 그의 발자국을 프린팅한 동판이 빈소에 있었다고 합니다. 그의 삶의 발자취를 기억하겠다는 뜻일 것입니다. 우리는 무엇인가 흔적을 남기고 언젠가는 떠날 것입니다.

지루한 2년 동안 코로나와의 사투에서 우리는 너무나 지쳐버렸습니다. 그러나 이제 엔데믹(풍토병)으로 정해져 우리는 다시 모든 것을 회복하려 합니다. 역사가 가르쳐준 수많은 흔적은 다시 일어난 사람들에 의해 교훈이 되어 살게 합니다. 송아지가 어미소 배에서 나올 때 그냥 덩어리 채로 땅으로 떨어집니다. 그러면 어미소는 혀로 아기소의 수분을 말려주고 오물을 닦아줍니다. 송아지가 일어나보려 하지만 비틀거리며 넘어집니다. 그러면 어미소는 계속해서 혀로 핥아줍니다. 송아지가 또 다시 일어나려 안간힘을 씁니다. 그러기를 몇 차례, 한참 후 일어나 힘을 얻은 송아지는 비로소 어미소의 젖에 얼굴을 파묻고 젖을 빨기 시작합니다.

우리 마음은 지난 2년 동안 많이 연약해져 있습니다. 지치고 방향을 잃어버리고 위치를 이탈해 있기도 합니다. 우리 앞에는 여전히 높은 파도가 출렁이고 있습니다. 지금 정신을 차리고 적극적으로 일어서려는 도전이 없다면 우리는 안일한 마음으로 방심하다 기회를 잃어버리고 수렁에서 여전히 머물 것입니다. 우리도 부끄럽지 않는 발자취 흔적을 남기기 위해 바른 걸음을 내밀어야 합니다.

자연이 가르쳐 준 인생의 교과서를 안고

　신기하게 생명의 신호탄처럼 푸른빛을 띤 새싹을 보고 반가웠던 마음이 엊그제 같은 데 벌써 신록들이 봄바람에 나빌레고 있습니다. 분홍빛 꽃비를 내리며 늘어 선 벚꽃 길에는 선남선녀들의 사진 찍기 추억의 장소가 되었습니다.
　자연은 희망을 가르치는 위대한 교과서요 스승입니다. 동면에서 깨어 난 물고기들도 얼음장이 아닌 풀숲을 헤치며 여름 강물을 찾아 헤엄을 칩니다. 아직도 잔설이 덜 녹은 산 어귀에는 눈을 녹이며 여기저기 쑥하고 올라온 연한 생명들은 숭고한 생명의 세레나데 같기도 합니다. 여린 가지를 스치면서 달려온 바람은 부드러운 미소를 나누며 대지을 포근히 안아줍니다. 이제 시간은 저 멀리 녹음으로 푸르른 여름을 향하여 힘차게 출발선을 떠났습니다. 어느 새 들판으로 달려 나온 농부의 입가엔 못자리 모판을 만들며 차디찬 밭 어귀에 호미를 내미는 아낙의 가슴은 벌써 희망으로 가득합니다.

일궈진 대지의 오늘은 아무것도 보이지 않지만 거기에 꿈을 심은 미래의 약속입니다. 그동안 든든하던 외투 속에서 힘차게 뛰기 시작한 봄의 심장은 사랑하는 사람을 깨우는 소리가 되었습니다. 아름다운 노래 아가서에 솔로몬은 봄의 향연에 사랑하는 이를 초청 합니다. "나의 사랑, 내 어여쁜 자야 일어나서 함께 가자 겨울도 지나고 비도 그쳤고 지면에는 꽃이 피고 새가 노래할 때가 이르렀는데 비둘기의 소리가 우리 땅에 들리는구나 … 나의 비둘기야 내가 네 얼굴을 보게 하라 네 소리를 듣게 하라 네 소리는 부드럽고 네 얼굴은 아름답구나"(雅歌) 실로 봄은 생명을 만들어 내는 사랑의 계절입니다. 새들은 둥지를 만들고 그 부드러운 둥지 안에 소중한 분신인 알들을 낳습니다. 이는 풍요로운 여름날 다복하게 함께 밥상에 둘러 앉을 가족을 바라보기 때문입니다.

사람은 가장 지혜로운 만물의 영장입니다. 그러나 때론 본능으로 살아가는 세상의 미물보다 감각이 둔할 때가 많습니다. 중국의 옛 사람 주자란 사람은 "봄에 씨를 뿌리지 않으면 가을 거둘 때 후회 한다"고 합니다. 이미 다가와서 엄청난 일을 이루고 곧 떠나갈 봄을 붙잡고 일어섭니다. 그리고 이제야 그 존재에 대한 고마움에 소중한 줄 모르고 무심했던 마음을 담아 고개를 숙여 봅니다. '든 사람 자리는 몰라도 난사람 자리는 표시가 난다'는 우리 옛말이 있습니다. 사랑하는 사람들이 다가오고 자녀들이 찾아오고 소중한 사람들과 부대끼며 지낼 때에 당연한 줄 알았던 그 일들이 모두가 엄청난 선물이라는 사실을 미련하게 이제야 느끼게 됩니다.

　우리는 또 여름을 맞이합니다. 여름이란 계절이 주는 신비한 선물 보따리가 도착한 것입니다. 셸리는 "겨울이 오면 봄이 멀지 않으리." 말했듯이 봄이 오면 여름도 멀지 않았습니다. 돈키호테를 쓴 세르반테스도 "재산보다는 희망을 욕심내자. 어떠한 일이 있어도 희망을 포기하지 말자."고 역설했습니다. 주변에 코로나 환자들이 많아졌습니다. 그리고 이제는 두려움과 위축됨 요소 들이 해결되고 있습니다. 그러나 여전히 둔해져 버린 활동의 반경과 움츠려든 허리를 펴지 못하고 안주하고 있습니다. 신록 사이로 벚꽃 잎이 꽃비가 되어 축포를 터트리는 길 가를 엄숙한 구도자가 되어 걸어갑니다. 지나간 일과 다가올 일에 대한 감사한 마음을 품고 하늘을 향해 고개를 들고 두 손을 내밀어 맞아드립니다.

　자연이 가르쳐 준 인생 교과서를 가슴에 안고 희망의 창문을 활짝 열어 여름을 맞아드립니다.

봉산개로 우수첩교(逢山開路 遇水疊橋)

얼굴을 스치며 지나가는 명주바람은 어린 유채 순을 깨우며 노란색 봄소식을 물어옵니다. 비가 내린 지가 오래되어 온 대지는 삼대처럼 말라가지만 땅 속의 생명을 끌어올린 언덕 위 제비꽃 여린 줄기는 희망의 꽃을 피어 놓았습니다. 햇살에 투영되어 춤을 추는 보라빛 꽃잎에 마른 잔디가 깨어나 봄 노래를 부릅니다.

자연은 하나님이 우리에게 주신 거룩한 교육장입니다. 때론 우리를 꾸짖으며 하나님의 사랑을 깨닫게 하고 엄숙하고 변치 못할 엄중하고 소중한 섭리도 알려줍니다. 그리고 흘러가는 시간을 그 위에 그려 놓으며 생명의 위대함을 느끼게 합니다. 누구나 공통적으로 고백하는 이야기가 '자연 앞에 인간은 숙연해진다'는 고백입니다. 늙으면 몸이 상전이라는데 건강 관리상 걷기 운동을 위해 자주 뒷산에 오릅니다. 늘 같은 길을 걷기에 매일 대하는 풍경은 변함이 없다고 생각했습니다. 그러나 날마다 새로운 모습으로 맞아 주었다는 것을 이제야 알게 되었습니다. 평범한 풍경이라 생각한 그 곳이, 때론 하얀 눈밭이 되어 있었고. 하얀 서리로 덮여 있기도 했습니다. 비에 젖어 있기도 했고, 이름 모를 향기를 발하며 예쁜 꽃을 피워 주기도 했습니다. 무더운 여름 날, 그 길은 잎새 가득한 시원한 바람을 맞이하던 숲길을 이었습니다. 예쁜 단풍이 물들은 가을 날은 붉은 열매를 가지마다 열어 놓았습니다. 찬바람이 불어오면 낙엽 떨어진 앙상한 마른 가지 사이에는 포근한 햇살을 채워주기도 했습니다. 그 엉킨 앙상한 나뭇가지 사이와 덩굴 속에 이름 모를 새들이 분주하게 날아다니며 조잘 조잘 희망의 둥지를 만들었습니다. 다시 이 숲 길은 머지않아 새싹이 돋아나고 무성해질 것입니다. 나 역시 두껍고 둔한 겨울옷을 벗어내면서 봄에 어울린 차림을 준비합니다.

　아직도 지쳐 앙상하고 시린 바람 불어오지만 마치 이 과정이 새로운 봄을 맞아 성장을 위한 탈피(脫皮)하는 전환점이 될 것 같습니다. 탈피동물은 양서류나 파충류 그리고 절지동물, 선형동물 등에서 나타나는 성장을 위한 가장 기본적인 과정입니다. 외부 표피층의 단단한 키틴질을 벗어내며 부드러운 새 살로 살아야 합니다. 탈피는 엄청난 고통과 어려움이 동반하지만 더욱 성장하는 계기가 마련되는 것입니다. 우리가 잘 아는 바닷가재는 처음 약 5년 정도 성장기는 약 25번도 껍질을 벗으며 쑥쑥 성장합니다. 그러나 몸 크기가 다자라 성채가 되면 매년 1번 정도 여전히 낡고 단단한 껍질을 벗어야 한다고 합니다. 이 탈피과정은 엄청난 고통과 쓰라림을 동반합니다. 또한 탈피 후에 외피가 없어졌으니 무방비 상태로 지내며 위험하기도 합니다. 그러나 인내하며 잘 견디므로 전보다 더 단단하고 커다란 새 옷을 입는 것입니다. 우리도 소망을 가지고 인내해야 합니다. 오늘 우리의 삶에는 너무나 많은 평계들이 찾아오는지 모릅니다. 당연하고 합리적 평계들이 우리를 넘어뜨립니다.

 나관중이 쓴 『삼국지』에 이런 말이 있습니다. "봉산개로 우수첩교(逢山開路 遇水疊橋)" "적벽대전에서 크게 진 위나라 군대는 사기가 떨어져 도망가고 낙심하여 터벅거리고 걸어갑니다. 조조가 묻습니다. 앞에 군대가 왜 나가지 못하는가? 그러자 전령이 보고 합니다. 앞에는 산이 굽고 좁아서 어려운데 거기다가 새벽에 비가 내려서 진흙 구덩이에 말 발이 빠져 나가지 못합니다. 그때 조조가 '군사는 산이 앞을 막으면 길을 만들어야 하고 물을 만나면 다리를 놓아서 앞으로 진군해야 한다'고 명령하였습니다." 꽁꽁 언 얼음을 깨고 부드러운 봄바람에 새싹이 움터 오르듯이 자연을 스승 삼아 길을 열어 갑시다.

푸르른 희망의 계절을 맞으면서

 부드러운 봄바람에 밀려 바스락거리며 불판 위 오징어 같은 마른 잎사귀들이 길 위를 구르다가 파랗게 피어오른 길섶 아기 쑥 앞에 머물러 반갑다며 자리를 잡습니다. 요즘 텔레비전을 켜기가 두렵다는 생각이 듭니다. 뉴스의 대부분이 답답한 소식, 불안한 사고와 전쟁, 무서운 사건입니다. 우리는 늘 불안해합니다.
 실존주의 철학의 창시자로 일컬어지는 키에르케고르가 말한 것처럼 인간이 구성되고 살아가는 많은 조건 중에 "불안은 인간의 기본 조건"이라고 했습니다. 그래서 아무리 권력을 가진 자라도 부귀영화를 다 누리고 인생의 경험이 풍부한 연로하신 자라도 누구나 불안한 현실, 암담한 일 앞에서는 낙심하기도 하고 움츠러드는 것입니다.

아프간의 고통이 다 잊혀지기도 전에 우리는 러시아가 우크라이나를 침략한 처참한 전쟁의 상황을 매시간 목도하고 있습니다. 살육의 전쟁 공포 속에 우리는 우리의 현실과 주변국을 돌아보면서 평화가 주는 값비싼 소중함을 생각해 봅니다. 잠시 잊어버리고 방심했던 일, 내가 사는 한반도도 지금 전쟁이 끝나지 않았다는 현실을 깨달으며 온 몸에 긴장감이 타고 흐릅니다.

러시아의 문호 레프 톨스토이의 유명한 작품 『전쟁과 평화』는 러시아의 광활한 대지 위에 자연의 섭리와 인간들의 끊임없는 탐욕과 오만 그리고 전쟁의 처참함을 묘사하고 있습니다. 그리고 진정한 평화에 대한 간절한 염원이 들어 있습니다. 건조한 봄철의 단골 재앙인 산불은 그 수많은 산림을 태워 버렸습니다. 휴대폰에 싸이렌 소리와 함께 쉬지 않고 알려오는 친절한 국가 재난 정보는 우리들을 계속 긴장시키며 위축하게 합니다. 오늘 전염병의 확진자 몇 명이라는 무서운 정보로부터 최근 들어 더욱 자주 알려오는 태풍이나 집중 호우, 그리고 산불 등 갖가지 재난문자는 공포와 노이로제(Neurosis)가 되어 버렸습니다. 물론 어려운 상황을 미리서 공지하고 또 상황에 맞추어 대처하게 한다는 좋은 의미가 있습니다. 이런 안내는 한편으로는 "나오지 말라." "돌아다니지 말라." "사람 만나지 말라." "모이지 말라." "행사를 취소하라." 등 모든 것을 묶어놓는 공포와 불안을 조성하는 요소로 작용합니다. 더욱 안타까운 것은 그렇게 몸부림치며 예방을 하고 준비를 해도 인간의 힘으로는 도저히 막을 수도, 바꿀 수도 없는 재앙 앞에 우리는 떨 수밖에 없습니다. 시인이며 사상가인 미국의 에머슨이라는 사람은 이런 말을 했습니다. "내 인생에 어떠한 일이 생겨나면 그 자체도 중요하지만 그보다 중요한 것은 우리의 마음자세가 어떻게 받아들이는 지가 더 중요하다"고 했습니다.

어느 시대에도 어떤 철학과 사상 그리고 종교 역시 인간을 찾아 발견한 현실은 곤고하고 연약한 인간의 한계입니다. 얼마 전 경상북도 울진의 산불은 무려 서울 면적의 절반에 가까운 면적을 불로 태웠습니다. 그리고 금방 잡을 것 같은 산불 진압도 어렵게 진행되고 있습니다.

천부적 음악천재이며 작곡과 작사가로 알려진 미국의 '존 피터슨'은 이 땅에 불안하고 두려움 속에 지친 사람들에게 이렇게 노래로 권면하였습니다. "괴로울 때 주님의 얼굴 보라. 평화의 주님 바라보아라. 세상에서 시달린 친구들아, 위로의 주님 바라보아라. 눈을 들어 주를 보라. 네 모든 염려 주께 맡겨라. 슬플 때에 주 예수 얼굴 보라. 사랑의 주님, 안식 주리라." 인류 역사를 보더라도 위대한 업적을 남긴 사람들이라도 낙심과 불안 그리고 여러 가지 시련 앞에 힘들어 했습니다. 추운 겨울을 이기고 마른 나뭇잎에 바람에 실려 찾아간 곳에 푸른 새싹, 봄의 희망이 있습니다.

변명의 나팔보다 소망의 안테나를 높이 세우고

비단 같은 물줄기가 멎어버린 '물맞이 골 폭포' 아래 얼어붙은 겨울의 갑옷을 두드리며 햇살에 녹은 보석 같은 물방울이 서둘러 찾아온 봄의 아침을 열었습니다. 돋보기 끝에 모인 햇볕 초점처럼 얼음장 밑에는 아른 아른 햇살이 춤을 춥니다. 마치 오로라의 신비한 빛이 밤하늘에 춤을 추듯이 얼음 창 너머에는 이미 봄의 축제가 열렸습니다.

오랜 만에 초등학교 친구한테 전화가 왔습니다. 10여 년 전 길에서 만나 전화번호를 나누고 후로 자주 연락하며 살자고 반가워했는데 몇 차례 연락 후 다시 소원(疏遠)해졌고 바쁘게 살다 보니 속절없이 잊고 지낸 친구의 전화가 온 것입니다. 오랜 만에 온 전화는 모르는 전화번호였습니다. 그래서 몇 번 망설이다 오랫동안 끊지 않고 울리는 벨소리에 마음이 걸려 잠시 후에 전화를 걸었습니다. 전화기 너머로 조심스럽게 들려오는 소리 "아무개씨 전화기인가요? 네 그렇습니다만 누구신지요." 그리고 한참을 미안한 마음으로 통화를 마치고 나서 전화번호를 다시 저장하려고 검색해보니 016으로 시작하던 옛 번호로 이미 저장되어 있었습니다. 사람도 그 사람이지만 저장된 표시가 변함으로 못 알아봤던 현실 앞에 많은 생각에 잠겼습니다. 마치 이미 다가온 봄 신호를 코로나19라는 다른 방식으로 바뀌어 버린 삶의 패턴이 반응하지 못한 것입니다. 약동하는 생명 넘치는 봄의 희망을 말하면서도 저장된 신호와 달라져버려 못 알아보고 머뭇거리고 있는 것 같습니다. 못 알아들어 버린 당황함에 여전히 얼어버린 모습으로 멍하니 구경꾼으로 서 있는 자신을 보았습니다.

아가서 2장에서 하나님은 우리를 깨우며 채근(採根)합니다. "겨울도 지나고 비도 그쳤고 지면에는 꽃이 피고 새가 노래할 때가 이르렀는데 비둘기의 소리가 우리 땅에 들리는구나… 나의 사랑, 나의 어여쁜 자야 일어나서 함께 가자."

몇 년 전부터 미국에서는 수면제 판매가 부쩍 늘었다고 합니다. 매년 700억 알이나 팔리는데 이는 하루 1,900만 명의 미국인들이 수면제의 도움을 받아야 잠을 이룰 수가 있다는 것입니다. 과거에도 물론 그랬지만 이는 이 시대를 사는 우리들이 불안하고, 힘들고, 어려워서, 괴로워한다는 증거인 것입니다. 진통제의 발명은 인류에게 고통으로부터 해방시켜 준 선물입니다. 그러나 이는 우리 삶에 그 만큼 무겁고 두려운 고통스러운 일이 늘었다는 증거이기도 한 것입니다.

우리나라 인사말에 "安寧하십니까?"라는 말은 "安은 편안할 안에 寧은 편안할 녕"자로서 그야말로 우리들이 바라는 평안을 구하는 간절한 소망입니다. 마치 이스라엘 사람들의 인사 "샬롬"처럼 평안은 인간이 모두 바라는 진정한 자유요 행복의 열쇠입니다. 미국 미시간 대학 총장을 38년간 지낸 "제임스 버릴 엔젤"은 그 비결을 "이웃을 향한 나팔보다 안테나를 높이 세웠기 때문"이라고 말했습니다. 무엇보다 내 변명이나 주장으로 우리는 시끄러운 나팔이 되며 살아갑니다. 그러나 봄이 오는 소리, 하나님이 들려주시는 희망의 부르심, 자연 만물이 들려주는 생명의 소리에 안테나를 더욱 높여 귀를 기울입니다. 두려움과 불안의 꽁꽁 언 시대의 어둠을 걷어내고 따스해진 햇살을 노래하면서 녹아내리는 생명의 물 방울을 따라 쑤욱 올라온 새싹들에게 눈인사를 보내며 봄이 오는 숲길을 걸어갑니다.

신록이 생명과 회복을 노래하는 계절에

　무대의 막이 열리기 전 긴장과 설렘으로 가득한 무대에 안개 같은 조명이 내리고 무대 속에 무언가 움직임에 모두가 집중하듯이 새벽부터 안개가 가득한 하루가 열립니다.

　마른 덤불사이로 새의 부리를 닮은 연록의 새싹이 어느새 쑤욱 올라와 멈췄던 생명의 시간을 깨우며 희망을 가득히 채워가고 있습니다. 물론 무대 뒤의 막이 걷히길 기다리는 준비처럼 겨우내 준비한 걸작이 나타난 것입니다.

　새봄은 빛깔은 화려하지는 않고 단순하면서 청아합니다. 그러나 다가올 푸른 내일을 꿈꾸며 새로운 움과 꽃봉오리를 준비하여 의욕적으로 찾아온 그 열정은 온 땅을 흥분하게 만드는 것입니다. 며칠 전부터 제법 훈훈해진 바람이 불어와 기분 좋게 얼굴을 만져주던 날 시장에서 사 온 꽃들을 정원에 심었습니다. 아직 연약한 꽃모종이었고 무슨 꽃이 피어날지 알 수 없는 여린 모종이었습니다. 그러나 아름답게 피어나서 정원을 아름답게 지키며 수많은 사람들의 마음을 기쁨으로 회복시켜줄 것이라는 생각에 피곤함도 잊은 채 마냥 행복한 날이었습니다.

어느 시대 보다 사람들의 관심과 삶에 회자되고 있는 단어가 '회복'입니다. 현대는 수많은 상처로 지치고 무너져 버렸습니다. 여기저기 형언하기 어려운 신음소리가 가득한 교회에도 성령의 바람이 불어와 다시 초대 교회의 부흥의 역사가 일어나 회복되길 사모하며 기대합니다.

하나님께서는 죄로 말미암아 잃어버린 하나님의 형상을, 우리 심령과 삶에 그리고 몸 된 교회에 회복되길 원하십니다. 지금은 예수님께서 죄악으로 어두워지고 무너져 내린 인류를 향해 부활의 능력으로 찾아온 소중한 회복의 계절입니다. 의사들은 사람의 몸은 자연치유 능력이 있다고 합니다. 그것은 상처와 오염에서 치료되고 정화되면서 회복하려는 하나님의 선물입니다. 육신의 회복도 중요합니다. 하지만 마음의 상처도 특히 영적인 우리 심령이 회복되지 않으면 우리는 상처 속 트라우마에 평생을 살아가게 될 것입니다.

회복(recovery)의 사전적 의미는 '원래 상태로 돌아온다' 입니다. 이미 본질과 정체성을 잃어버린 시대를 향한 마지막 하나님의 명령이 회복운동입니다.

코로나19로 일상과 본질까지 놓쳐버린 이 시대, 요즘 교계 뿐 아니라 일반서점에서도 쏟아지는 신간의 주제가 회복입니다. 여기저기서 연일 열리고 있는 가정 회복 운동, 치유사역 그리고 아버지로서, 어머니로서, 부부로서, 바른 관계적 회복을 위한 각종 훈련들은 그 만큼 이 시대가 안고 있는 상실과 고통의 문제를 치유 받고 원래의 자리로 회복되기를 원하는 근본적 열망이라 생각됩니다.

　그중 거리두기와 모임금지로 인해 멀어져 버린 거리를 줄이는 것은 너무나 어렵고 그러나 간절히 필요합니다. 가장 큰 관계회복은 하나님과의 영적 회복입니다. 에덴의 아담처럼 죄로 멀어진 하나님과의 관계 회복은 이 땅의 최고의 근본적인 선결 요건입니다. 엘리야 선지자 때 닫혔던 하늘 문을 여는 열쇠가 하나님과의 회복이었습니다. 그래서 여호와께 가까이 나오며 무너진 제단을 수축하므로 영적인 관계가 회복되어 하늘의 문이 열렸습니다.

　상처는 가까이 있는 것에 의해 부딪히고 찢겨져서 생겨납니다. 소중하고 귀한 존재인 사랑하는 가족, 사랑하는 동역자 등 가까운 사이에서 부딪침으로 생길 수도 있습니다. 부활하신 예수님은 낙심하고 떠나간 제자들을 찾아오셔서 그들에게 평안과 사명을 주시면서 멀어져 버린 멀리 떠나간 제자들을 붙잡고 관계의 회복을 이루셨습니다.

　각종 스트레스와 정신적인 충격으로 가치관이 혼동되고 상처들로 눈물과 아픔이 커진 이 시대에 영적인 예배가 회복되고 신앙의 회복되길 소원합니다. 따뜻한 주님의 사랑의 손길이 상처를 감싸고 어루만져 희망으로 가득 찬 회복의 세상을 소망해 봅니다. 물질 만능주의 사고와 진리보다 힘의 논리에 의해 지배당하는 무책임하고 연약해진 이 땅의 정서가 치유되고 양심이 회복되기를 기원합니다. 경제와 신용이 회복되어 인간관계와 생활이 회복되고 윤리와 도덕이 회복되어 사회가 밝아지고 가정이 회복되길 소망합니다. 우리의 앞에 푸르게 흘러가는 자연의 모습을 보면서 인간사에도 생명의 강이 흐르고 축복의 동산이 회복되길 소망합니다.

모래시계 위에 인생을 읽다

튤립이 아침 햇살에 투명하고 환상적인 자태를 뽐내며 피어올랐습니다. 흘러가는 시간은 봄을 지나 여름으로 향하고 있습니다. 맑은 색으로 튤립이 피어난 정원 위로 떠나가는 벚꽃의 마지막 피날레처럼 꽃가루가 눈처럼 내려옵니다. 요즘은 계절을 상징하는 꽃들이 차서도 없이 한꺼번에 우르르 몰려 와 경연을 벌인 듯 가득합니다. 송이송이 너무나 신비하고 아름다운 순백의 작은 벚꽃이나 오색찬란한 튤립은 홀로도 고결하고 아름답습니다. 그러나 나뭇가지에 덩어리가 된 벚꽃이나 온 땅을 덮으며 양탄자처럼 수없이 모여 각색의 비단 천을 깔아 놓은 듯 바람에 물결치며 피어난 튤립도 뭉치고 함께 해서 더욱 빛나고 아름답습니다. 튤립의 나라 네덜란드는 매년 90억 송이 이상의 튤립을 재배한다고 합니다. 전 세계 모든 이에게 한 송이씩 나누어 줘도 될 법한 수량입니다. 하얀 벚꽃 터널 구경을 마치고 찾아 온 지인의 가족을 오랜만에 만났습니다. 지인이야 자주 만나기에 늘 익숙한 모습이었지만 지인의 딸이 출가하고 유치원에 다니는 손자까지 동반한 모습을 보며 친구도 나도 이제 나이가 꽤 됐구나 하는 생각이 문득 들었습니다. 너무나 당연하게 흘러가는 세월 위에 늘 그 자리에 머물러 있는 줄 알았던 착각이 깨어졌습니다. 이제는 칭호도 할아버지가 자연스럽습니다.

자연은 세월의 흐름을 보여주는 게시판입니다. 바람이 지나가면 나뭇가지가 흔들리며 바람의 흐름을 보여주듯이 세월이 흘러감이 각양의 방법으로 자연을 통해 구현하여 알려줍니다. 눈이 오고 비가 내리고 꽃이 피고 열매가 맺는 자연의 모습은 어찌 보면 그 위로 시간이 지나갔음을 알려주는 흔적이 된 것입니다. 요즘 시계는 디지털로 시간의 흐름을 보여 줍니다. 시간에 나타나는 숫자는 0부터 59까지 그 숫자가 시간이 지나감을 표시합니다. 그러나 더욱 실감나는 것은 과거 우리들이 사용하던 아날로그 시계입니다. 똑딱똑딱 초침이 지나가면서 분침을 돌리고 굵직한 시침도 돌아갑니다. 시간의 지나감과 남은 시각을 눈에 보이도록 표시해 주므로 훨씬 시간의 자나감을 역동적으로 알 수가 있었습니다.

그러나 더욱 시간의 흐름을 실감하게 하는 것은 모래시계입니다. 목욕탕 한증막에 흐르는 시간을 알려주는 모래시계는 쏟아지는 모래와 사라져 없어지는 모래를 통해 시간의 정체를 더욱 실감나게 합니다. 쉼 없이 흘러내리는 모래처럼 세월은 흘러갑니다. 사라져 가는 모래처럼 점점 나에게 떠나가는 시간을 느끼게 합니다. 어린 시절 시골집에 괘종시계라는 벽시계는 태엽을 감았습니다. 태엽이 풀리면 우리들의 표현대로 밥을 준다고 하면서 다시 감아줍니다. 그러나 우리 인생이란 시계는 한번 풀리면 다시 감을 수 없으며 지금도 계속 풀려져 가고 있습니다. 정해진 양의 모래에서 하염없이 쏟아져 사라지고 있음을 알게 됩니다. 그래서 모래시계에서 윗부분에 사라져가는 세월을 보듯 우리 인생을 눈으로 확인하며 산다면 훨씬 지혜롭게 살게 될 것입니다. 시간의 소중함을 인식하고 아껴가며 더욱 의미 있게 삶을 살아가려 노력합니다. 이렇듯 소중히 여기는 마음으로 세월 앞에 서는 것은 지금도 빠르게 지나가고 있기 때문입니다. 또한 다시 돌아오지 않을 기회이기 때문입니다.

 러시아의 문호 톨스토이의 그 유명한 「세 가지 질문」이란 글에서 "우리 인생에 있어서 가장 소중한 때는 과연 언제일까? 우리 인생의 있어 가장 소중한 사람은 누구일까? 그리고 인생사에 가장 중요한 일은 무엇일까라는 우리들의 공통된 질문에 일깨워 준 대답은 바로 지금이라는 시간이 내 인생의 가장 중요한 순간이라는 것입니다. 또한 지금 만날 수 있고 함께 할 수 있는 그 사람, 지금 할 수 있는 모든 일, 사랑하고 땀 흘리고 움직일 수 있는 것입니다. 영어로 선물이란 단어 present는 현재라는 동일한 뜻을 가지고 있습니다. 여기 저기 떨어져간 꽃잎자리에 연록의 싹들이 돋아 오릅니다. 오늘 흘러가는 냇물에 나의 열정과 마음을 쏟아 소중한 세월 위에 향기로운 나이테를 남기기를 바라봅니다, 튤립이 활짝 마음을 열고 피어 있습니다. 최선을 다해 감춰진 색감까지 꺼내 펼쳐 아름답게 피어나는 듯합니다.

나의 인생의 모래시계에 소중한 색감을 입혀 아름다운 모래 산을 이루어 봅니다.

2

순백의
백련처럼

순백의 백련처럼

어젯밤
아무도 몰래
숲 길 가득 비가 내렸습니다

여전히 하늘은
마른 가슴에 적셔주는
생명의 샘입니다

햇살이 열리는 아침
촉촉하게 생기 넘치는 산길에서
고개를 들어 바라봅니다

거기 당신의 마음이
순백의 백련처럼
미소 짓고 있습니다.

긴 하루

붉어진 하늘 밑
어두워지는 숲 속엔
섞여 버린 새들의 울음소리에
하루 해가 저문다

먼 산 너머 아랫마을
흥부댁 막내는 장가를 가고
신작로 옆 새로 지은
저금 난 새댁 얼굴엔 미소가 번진다

날개깃 다듬고
도닥거리는 가지 밑
산자락 땅거미 따라
수선스런 하루가 길어져 간다

오늘도 만리장성
하루의 긴 이야기가
어둠 뒤로 숨어버린다.

시계꽃

아침 이슬
곱게 머금은
하얀 시계꽃
고개 내밀고 피어 올라온다

방울방울
둥근 잎새 위에
보석 하얗게 굴러다니고
녹색 머리 맞대고
모여 앉은 크로바 방석은
임 모실 작은 자리가 되었다

세월 주름 속에 걷어 올린
그대의 손목에
하얀 꽃 골라 묶어 채워드린다

풀내음 향기는
온 몸 위로 은은히 퍼지고

야속하게 재촉하는 시계바늘 소리
아쉬워 붙드는 영원할 미소는
꽃시계가 되었다.

향기에 들켜버렸네

여린 열풍 따라
가마솥에 다려낸
진한 아카시아 향기는
진한 추억의 그날을 소환하고 있다

종일 태양을 기다리며
수줍은 덧니처럼
동그란 잎새로 얼굴을 가리고
부끄러워 숨었던 향기에 너를 대한다

반갑고 떨리며
설레이던 심장 감추려
애꿎은 잎사귀 꺼내 하나 하나 세며
슬며시 마음을 드러내 본다

보고 싶다
아니다
보고 싶다

아니다.
보고 싶다. 보고 싶다.

동 터 오르는 산길에서

황금빛
능선 따라
수줍게 피어나는
꽃봉오리처럼
햇살이 봉긋이 솟아 올라옵니다

지난 밤
사연들을 지워 버리고
어둠에 닫혔던 산야가
창문을 열고
잠에서 깨어 일어납니다

고요히
동 터 오르고
산객의 그늘진 이마에도
달려 온 햇살이
가득 빛나고 있습니다.

혼자 걷는 길

낯설은 오후
비 멎은 산길이
살짝 빗장을 열어 줍니다

우거진 밀림 숲을
안고 돌아서노라면
거기 길 하나 숨어 있습니다

칡넝쿨로 금줄 쳐 놓아
인적 오랜 그 자리엔
원추리가 피어 가득합니다

외로운 산행 길
설레는 마음 꺼내어
비밀의 화원 문을 엽니다.

해당화

하늘빛 빌려 내려 온
짙은 물감이
얌전해진 바닷바람의
소박한 환대받으며
얇은 비단 분홍빛으로 피어났습니다

고이 접어 빚어 낸
순전한 고백 위
붉은 입술은
빗방울 손길 지난 간
진록의 잎새 위로 피어올랐습니다

닭 울음 아스라한
저 칠산바다 너머로
이국의 등경 피워
조각배를 지어 띄우고
잠자는 수면 위 임을 안고 달려왔습니다

태고의 황금 노을을 품은

가슴 속 아쉬움은

회색 그리움으로 여운이 되어

아침 이슬을 머금은

그리움의 눈물방울로 보석처럼 피어났습니다.

새벽 비

솔잎 끝으로
맺힌 수정빛 빗방울이
소망의 보석이 되어
아침 햇살을 기다립니다

보랏빛
산도라지 피어오르고
벌써 깨어난 비둘기 가족
기지개 펴며 날개 터는 소리에
놀란 다람쥐
바위틈으로 고개를 내밉니다

목마른 고개
부지런히 넘어온
지친 나그네 어루만지며
샘물을 채워 계곡으로 흘러 보내
새들과 산토끼의 목을 축여줍니다

내 마음에도
새벽 비가 내리고 있습니다.

여름고개 합창단

매미 합창단
구슬픈 공연이
아직도 계속 되는데

다음 출연자들의
연습 소리가
점점 가까이 들린다

귀뚜라미 노래에
가을바람이
살랑살랑 일어나고
익어가는 알곡을
어루만지는
부드러운 손길이 되었다

아직 무대 위에서는
목청 높이는
여름이 노래하고 있다.

ⓒ 허은자

향모
- 고향을 사모함

고양이가 졸고 있는
툇마루 밑
잡초에 고향 집이 묻힌다

부엌 쪽에서
달그락 소리가 나고
안방에서 "누구여" 하고 나올 것 같은데
아직 눈치를 못 채셨나?
종종 무반응

주인 잃은 지붕에
여름비가 내 마음 실어
더 큰 소리 내어 내린다.
뒷밭에 금계국 가녀린 줄기가
빗방울 무거워 흔들거린다

고향집이 그리워짐은

아직도 나를 기다리던
어머니가
살고 계셨기 때문이다.

ⓒ 이가은

자귀나무 향기 담아서

콩당 거리는
심장을 부여잡고
자귀 꽃 진한 향내에 취해
길을 걷는다

철 잃은 하얀 나비는
외로운 나그네의 길동무 되어
훨훨 날아
향기 날리며 앞장을 선다

밤 새 숲 향기 모아
불어난 힘찬 시냇물은
행진곡 박자로
노래 불러 힘을 보낸다

기운 내라며
칡넝쿨 사이로
얼굴 감춘 산딸기는

나그네 손을 반기어 여름을 나눈다

햇살에 펼쳐진 아침
자귀 향기를 머금은
계곡의 시원스런 물 한 모금
두 손 고이 모아 그대에게 보낸다.

ⓒ 이성은

마음 망태에

그리움
한 조각
조심스럽게 망태에 담아
어깨에 들러 메고
산을 향해 일어섭니다

가파른 언덕 길 사이로
시원한 계곡물은
응원가를 부르고

기다려 준
산모퉁이 언덕의
조그만 방석 바위에
나그네의 마음 내려놓습니다

다시
그림자 옮겨
임에게로 향합니다

오늘도
마음 망태에
산삼 한 뿌리 담은
심마니의 행복을 품었습니다.

ⓒ 김미애

항구에서

황금빛으로
빛나는 파도는
끓는 솥처럼 요동친다

차가운 바다에서
돌아 왔건만
배 멀미의 요동은
아직도 바다 위를 헤매이게 한다

소금에 절여진
육신으로 힘겹게 건너온
바다 위엔
아무 일도 없다는 듯
금빛 물결만 넘실거린다.

무더운 아침

양귀비 붉은 비단 망사에
실루엣처럼 코앞에 다가온 아침은
단비에 젖은 머릿결 향기를 날린다

정체를 감춘 작열하던 태양은
동산 바위 뒤로 바짝 몸을 숨겼고

무지개 날개 빛 멧비둘기는
숨을 자리 찾아내어 신호 보낸다

오늘도
만만치 않을 거인의 출동 앞에
숨죽이며 주섬주섬 아침을 챙긴다.

내게로 떠난 한여름 밤의 여행

　산을 울렸던 매미의 노랫소리가 기운을 잃어가고 이슬을 지나온 시원한 바람이 가을로 접어드는 막바지 여름 길을 지나가고 있습니다. 시원한 바람이 불어오는 들판에는 빨갛게 고추가 익어갑니다. 여느 해보다 충실하게 자란 참깨가 농부를 미소짓게 합니다. 만물에 알곡이 채워져 가는 계절에 도리어 농부들의 마음은 비 걱정에 안절부절하며 하늘을 바라봅니다. 100여년 만에 서울 지역의 물난리와 중부 지방과 충청 지역을 휩쓴 큰 비는 엄청난 인명피해와 재산을 휩쓸고 가며 가슴 아픈 흔적들을 남겼습니다. 며칠 전만 해도 장마라는 단어가 무색할 정도로 작열하던 무더위로 힘들다고 아우성치던 입에서 여기저기서 폭우가 쏟아져 물난리가 나면서 이제는 비가 무서운 마지막 자락을 지나고 있습니다.

　다들 부푼 마음으로 떠나가는 휴가철이라 도로와 관광지는, 특히 바닷가는 그야말로 주차장처럼 차량이 가득합니다. 현대인은 분주한 삶 속에 모두 지쳐 있습니다. 그러다 보니 쉼터를 찾아 돌파구를 찾아 나섭니다. 휴가를 떠나는 이유야 당연히 쉼을 추구하는 마음입니다. 그러나 때론 휴가가 도리어 고생이 되고 여유를 갖는 여가 시간이 아니라 스트레스가 더 커지는 시간들이라 해서 안타까운 일입니다.

　운동선수들은 경기 도중 잠시 휴식을 합니다. 격투기 선수들은 주로 각 라운드가 끝나면 잠시 쉰 후에 다음 경기를 시작하고 축구나 배구 등은 중간에 하프 타임을 통해 후반전 경기를 준비하며 휴식을 취합니다. 이 시간은 휴식이지만 실제로는 재충전과 다시 나가기 위한 준비 시간입니다. 그래서 영어로는 다시 창조한다는 Recreation(re+create)단어를 사용합니다.

　일본의 도쿄 대학 명예교수인 '다케우치 히토시'는 "여행과 병에는 자기 자신을 반성한다는 공통점이 있다"고 했습니다. 이는 여행이란 낯선 곳으로 향하는 걸음이라기보다 내 자신의 상태를 돌아보는 기회라는 것입니다. 『잃어버린 시간을 찾아서』의 작가 '마르셀 푸르스트'는 "진정한 여행이란 새로운 풍경을 보는 것이 아니라 새로운 눈을 가지는데 있다"라며 여행자의 눈이 열리고 새로워지는 계기가 된다고 역설하였습니다. 인터넷에 알려진 예화로 어느 곳의 인디언들은 이동하거나 사냥감을 쫓아 숲 속으로 전력을 다해 달려갑니다. 그러다가 모두 멈춰 서서 한참 동안 있다가 출발한다고 합니다. 이는 가는 길에 피곤함이나 쉼을 위한 일이 아니라 너무 빨리 정신없이 가다 보니 자기 영혼이 혹시 못 따라온 줄 알고 기다려 같이 간다는 의미를 가지고 있습니다. 물론 영혼이 몸에서 분리된다는 것은 죽음이므로 살아있는 동안은 분리될 수 없다는 이것을 그분들은 몰라서 그런 것입니다. 그러나 분주함으로 인해 내 중요하고 가치 있는 것을 놓치지 않았나? 생각을 해보는 것입니다. 현대인들은 자신의 소중하고 존귀한 것을 놓쳐버릴 때가 있습니다. 분주한 삶 속에 정작 나 자신은 구경꾼이 되어 있고 빠진 것 같다고 합니다. 그래서 숨 가쁘게 달려온 일상에서 휴가는 자신을 돌아보는 보배로운 시간입니다.

'마하트마 간디'는 "세상에서 가장 위대하고 멋진 여행이란 지구를 열 바퀴 도는 것보다 단 한 바퀴라도 자신을 깊이 돌보는 여행이다"라고 역설합니다. 세차게 쏟아지는 비를 맞으며 마음까지 차분하게 씻어 내리는 빗물을 닦으며 나의 민낯을 거울에 비추어 봅니다.

잃어버린 가치(價値)를 찾아서

 지붕과 대지를 달구는 한낮의 더위가 연중 최고의 열기인 듯 숨이 퍽퍽 막히는 무더운 시간입니다. 우리는 시원한 바닷바람을 찾아 길을 따라서 바닷가 해변으로 향하였습니다. 뜨거운 열기는 백일홍 나무로 불같은 붉은 꽃을 활짝 피워 놓았습니다. 더 짙은 푸른 하늘엔 솜사탕 기계에서 풀려 나오듯 아름다운 구름 덩어리로 가득 찼습니다.
 세계적인 상담 치유 사역의 대가이신 정태기 박사의 이야기에 의하면 신안의 한 바닷가에는 미신처럼 내려오는 이야기가 있답니다. 태풍이 불어 바다를 뒤집으면 해변에 밀려오는 아주 오래된 그릇들이 있었습니다. 마을 사람들은 과거 그곳을 지나던 배가 침몰하면서 죽은 사람의 귀신이 그 그릇들에 붙어 있다고 생

각해서 보이는 대로 저주하며 다 깨뜨려 버리곤 하였습니다. 그래서 해변에는 늘 깨진 오래된 그릇 조각들이 가득하였습니다. 어부들도 혹시 그물에 걸려 올라오면 무서워서 불길하게 생각하고 바다 일을 급히 마치거나 깨뜨려 버리곤 했다고 합니다. 그러나 나중에 그 그릇들이 엄청난 소중한 유물이며 서울 아파트 한 채 값이나 되는 가치가 있다고 알려지면서 사람들의 생각이 달라졌습니다. 국가에서 대대적인 발굴 작업을 하고 이제 그곳은 명소가 되어 관광지가 되고 이 일로 인근 목포에는 그 시대의 해상무역과 선박 그리고 유물을 주제로 한 엄청난 규모의 '국립해양문화재연구소'라는 박물관이 세워지기까지 하였습니다. 물살이 휩쓸고 지나간 해변으로 아직도 깨져 굴러다니는 도자기 조각을 보면서 가치에 대한 기준에 대해 생각해 봅니다.

　가치란 값어치처럼 그것의 소중함을 매기는 척도로 사용됩니다. 그러나 가치란 그 사회나 공동체의 추구하는 기준에 의해 얼마든지 달라지는 것입니다. 그래서 모두가 공감할 수 있는 가치를 찾기 위해 사회적으로 기준들이 정해지기도 하는 것입니다. 그러나 상황에 따라 대부분의 가치는 상대적이어서 사막에서 길을 잃고 사경을 헤매는 사람에게는 등에 짊어진 금덩어리 보다 지금 당장 마실 물과 길을 찾는 지도 일 것입니다. 가치(價値)란 사람이 어떤 사물이나 사람 그리고 시간 등 모든 것과의 관계에 의해 의미를 가지는 것입니다. 지금과 미래에 각 사람과 시대의 인생길에서 무엇이 더 중요한지? 옳은지? 를 판단할 수 있는 분별력과 척도를 소유하면 가치관을 정립된 사람입니다. 그래서 그 가치관은 사람의 우선순위를 바로 정할 수가 있습니다. 우리가 그 소중한 가치와 진정한 의미를 몰라서 가볍게 여기고 무시하고 심지어는 미워하고, 싫어하고, 그래서 놓쳐버린 보물 같은 것을 깨달아 알 때 나중에 가슴치며 아쉬워하기도 합니다. 사람들의 특성의 소망은 세상적인 만족과 자랑으로 집중됩니다. 그러나 이 세상의 모든 물질은 유한하며 하나님 주신 축복입니다. 우리 삶에 유용한 중요한 선물이지만 진징한 가치와 자랑은 하나님의 영광이요 우리가 바라보는 것은 하늘의 소망입니다. 햇살이 뜨거운 여름날 오후, 증도 해변을 거닐면서 하얗게 밀려왔다. 모래에 부서지며 멀어져 가는 하얀 포말(泡沫)을 바라봅니다. 우리 인생도 저렇게 왔다가 사라져 갈 삶의 현장에서 존귀한 의미 있고 귀중한 가치를 되새겨 봅니다. 집 한 채 값의 보물을 기분 나쁘다고 깨어 버린 어느 선인(先人)의 자리에서 잃어버린 가치(價値)를 찾아서 붉게 물들어가는 해변 위에 감사하며 행복을 고백해 봅니다.

이어령의 마지막노트 "눈물 한 방울"

　오늘도 긴 하루가 지친 숨을 몰아붙이며 뜨거운 열기를 남기며 지나갑니다. 하지가 지나고 점점 짧아지는 낮의 시간은 뜨거워진 대지 위에 긴 그림자를 드리웁니다. 하지는 망종과 소서 사이에 자리한 24절기 중 가장 덥지만 중요한 한 해의 기점입니다. 이 때가 되면 태양의 위치가 가장 높은 북쪽에 위치하므로 기상청 자료를 보면 우리나라 낮의 길이는 무려 밤보다 5시간이나 긴 14시간 35분이나 됩니다. 지혜로운 조상들은 절기와 더위를 이기기 위한 행사로 감자를 캐서 먹는 전통을 가졌는데 이른 바 하지감자입니다. 우리 조상들이 무더위를 긍정적으로 인식하며 이겨나간 것을 알 수 있습니다.
　하지를 지나면 7월이 시작됩니다. 우리는 한 해 절반을 보내는 전환점, 또는 반환점으로 삼고 남은 반년을 새롭게 출발하는 다짐을 하는 시간이기도 합니다. 지난 봄 아직 대지가 다 녹지도 못한 산을 바라보면서 유채밭 사이로 불어올 따스한 봄바람을 기다리던 2022년 2월 26일 우리시대 한 정신적 지도자의 부음이 도착했습니다. 최고의 지성이란 수식어와 초대 문화부장관을 지낸 평론가 이어령 선생님이 향년 88세로 별세했습니다. 누구보다 탁월한 통찰력으로 실존주의 철학의 대부였던 그가 창조주 하나님을 믿으면서 그에게 펼쳐진 세계관은 정말 전 세계 지성들의 양심과 방향을 지성을 넘어 영성의 세계로 열어 주었습니다. 그가 세상을 접으면서 마지막 남긴 말이 "눈물 한 방울"입니다. 병과 싸우면서 그의 깊은 심장에 저장해 둔 그리고 끝까지 적었다가 죽기 전에 찢어 버리고 싶다던 그의 최고의 단어는 "눈물 한 방울"이었습니다. 그가 죽음이란 가장 큰 인생의 시간을 앞두고 그의 마지막 노트를 정리한 책이 최근 출간되었습니다. 아내가 급하게 주문해 준 책을 들자마자 한 거인이 걸어간 그 발자국 위에선 감동을 느끼게 되었습니다. 책 사이 그가 그린 작은 그림 몇 점은 그의 가장 순수하고 맑은 마음을 그려놓은 옹달샘 같아서 책을 읽어가면서 영혼이 젖어 드는 감동을 느끼게 되었습니다. 그의 육필의 고백에 "우리는 혼자가 아닙니다. 시간의 덫에 걸려 움직일 수가 없습니다. 데자뷰라는 현상 속에 사막에서 혹은 깊은 숲속에서 헤매는 사람처럼 수천 번을 같은 자리에서 맴돌고 있는 중입니다. 반복의 지루함 아시지요. 하나님. 시사포스의 형

벌. 하나님께서 만드신 응징의 법은 바로 반복이었습니다. 이 지겨운 반복의 덫에서 지금 나는 천만 번이나 수억 겁 년을 반복할지 모릅니다."(김영사,『눈물 한 방울』197쪽) 그는 마지막 호흡을 3일 앞둔 글에서 "누구에게나 마지막 남은 말, 사랑이라든가 무슨 별 이름이라든가 혹은 고향 이름이든가? 나에게 남아 있는 마지막 말은 무엇인가? 시인들이 만들어 낸 말은 아닐 것이다. 이 지상에는 없는 말, 흙으로 된 말이 아니라 어느 맑은 영혼이 새벽 잡초에 떨어진 그런 말일 것이다. 하지만 그런 말이 있는지 나는 알 수 없다. 내 몸이 바로 흙으로 빚어졌기에 나는 그 말을 모른다. 나는 죽는 순간 알게 될 것이다."(김영사,『눈물 한 방울』199쪽 인용)

한 해의 반환점을 돌아서면서 책의 마지막 페이지 그가 남긴 마지막 남긴 말 "어느 맑은 영혼이 새벽 잡초에 떨어진, 흙으로 빚어진 한 인생에 최고로 남은 결론 같은 눈물 한 방울"의 진한 뜨거움이 책을 들고 선 후학의 심장과 볼을 타고 흘러내립니다.

목마른 한 영혼을 부르면서

　열기를 품은 단비가 목이 마른 대지와 타는 들판에 차분하게 내려옵니다. 차분해진 대기를 타고 새들의 노래 소리도 귓가에 다가와 반갑게 울려옵니다. 참 오랫동안 비가 내리지 않았습니다. 저수지 물은 거북이 등처럼 갈라져 갔고 겨우 심은 모가 붉게 타들어 가던 차재에 내린 비는 농부의 가슴을 적셔주는 생명수입니다. 모처럼 물을 만난 참새들이 날개를 들썩이며 털며 모처럼 샤워를 즐기고 있습니다. 대지도 식물도 인생도 목마름 같은 삶 속에 갈증이 있습니다. 그러므로 간절함으로 그것을 기다리며 기대하며 살아갑니다. 그러다가 단비처럼 찾아온 선물로 인해 그동안의 힘든 모든 과정이 다 의미있다고 여겨지는 것입니다.
　세계적인 문학가이며 노벨문학상을 받았던 펄벅은 그의 인생의 최고의 순간을 묻는 기자들에게 "오늘 제가 80세의 생일을 맞았습니다. 아마도 70세 때 부터입니다." 그녀는 지금의 삶을 중요하다고 여겼음을 설명하였습니다. 우리에게 중요한 시간은 매 순간 그 의미와 가치를 부여하는 삶의 순간인 것입니다. 단비 내리는 들녘은 그동안 인고의 시간의 버텨 온 그 순간들이 가치 있게 빛나는 보배로운 과정이었다는 것을 확인하는 것입니다. 지금 어느 곳 보다 평화가 절실한 나라는 전쟁이 한창인 우크라이나입니다. 전쟁은 전 세계 경제뿐만 아니라 기본 질서를 흔들어 영향을 미침으로 부도를 겪은 나라들이 속출하고 에너지 및 식량의 순조로운 유통이 무너져 불안함으로 당사자 나라도 큰 문제이지만 전 세계가 함께 도미노처럼 고통을 당하고 힘들어 무너지고 있습니다.

얼마 전 우크라이나 대통령 부인인 "올리나 젤렌스키"가 러시아의 폭격으로 죽은 어린아이 희생자들의 이름을 부르며 오열하는 장면이 전 세계에 뉴스로 보도되었습니다. 대체로 러시아 폭격으로 희생자가 몇 명 발생했다고 숫자로 말할 건데 한 사람 한 사람 어린이들의 이름을 불러가는 대통령 부인의 마음은 그 소중한 한 생명에 대한 간절한 마음이 전달되었습니다.

이스라엘은 지금도 방심할 수 없는 팔레스타인 원주민들과 이웃 아람 나라들과 늘 긴장 속에 살아가기에 전 국민이 병역 의무를 가지고 있습니다. 군인들이 훈련을 마치면 반드시 두 곳을 방문하여 결의를 다짐하는 곳이 있다고 합니다. 한 곳은 사해바다의 황량한 사막 위에 우뚝 솟은 마사다 요새입니다. 로마의 식민지였던 이스라엘이 AD 72~73년에 로마군에 맞서서 항거하면서 항복을 거부하며 2년간 버티다가 자결한 곳으로 유대민족의 정신력의 성지로 알려진 곳입니다. 또 한 곳은 유대인들이 나치 독일로부터 육백만이 학살당했던 어두운 역사를 기념하는 "야드바셈"입니다. "야드바셈"은 기억해준다는 히브리어입니다. 거기 한 곳에는 희생당한 어린이 백오십만 명의 영혼을 추모하는 기념관이 있습니다. 그 전시관 안은 온통 캄캄한 역사를 상징하듯 어두운 공간에 촛불들이 켜져 있습니다. 그리고 거기에도 한 어린이 한 어린이 이름을 불러가며 기념하고 있습니다. 이는 한 영혼도 잊지 않겠다는 고백입니다.

우리는 코로나19라는 엄청난 영적 대가뭄을 통해 영혼들이 고사해가고 모든 활동들이 마비되어 죽어가고 있었습니다. 그럼에도 불구하고 그동안 인내하며 회복을 기다린 교회와 성도들에게 하나님은 회복의 단비를 허락하셨습니다. 이제 우리는 농부가 시들어 가는 생명을 하나하나 바로 세우며 물을 주는 것처럼 영적으로 넘어진 한 영혼 한 영혼의 이름을 불러가며 깨워서 다시 푸르고 풍요로운 결실로 세워야 할 것입니다

놓쳐버린 보물을 찾아서

아까시 하얀 향기가 초여름 햇살에 익어가는 토실한 보리알 위로 흥건히 흘러갑니다. 보리밭 어귀로 무리지어 심겨진 아까시나무는 시원한 그늘을 만들어 마늘 단을 뽑아 눕히는 농부의 이마 위 구슬땀을 식혀 줍니다. 밭에 그늘이 진 가시나무라 베어버리려 했던 나무가 효자 노릇을 하는 것입니다. 때론 우리는 귀찮고 성가셔서 또는 무시하고 버렸던 것들이 소중한 선물이고 보물이었다는 것을 문득 깨달을 때가 있습니다.

생활이 서구화되면서 우리나라에 수입되는 육류의 양은 세계 어느 나라보다 많습니다. 그중에 미국과 호주에서 수입되는 소고기가 엄청난 양을 차지한다는 것입니다. 미국과 호주는 세계적으로 소고기를 통해 외화를 벌어가는 수혜국입니다. 그러나 이 가축을 기르면서 가장 큰 문제는 가축 분뇨에서 나오는 가스 배출로 인한 환경 문제입니다. 또한 가축 분뇨는 넓은 초원을 덮어 풀이 자라지 못하게 만들어 버렸습니다. 어떤 화학적 약으로도 해결하지 못한 그 때 그 문제를 풀어주는 중요한 생물이 있었던 것입니다. 사람들은 쇠똥구리를 초지 배설물에 풀어 놓자 쇠똥구리들이 분뇨를 분해했던 것입니다. 하찮게 여겼던 벌레가 사실 사람과 환경 자연을 살리는 가장 중요한 일꾼이 된 것입니다. 영국의 연구진에 의하면 지금 쇠똥구리의 개체가 절반 정도 감소하였다고 합니다. 그래서 다시 이 문제가 사회문제로 환경 문제로 대두되고 있다는 것입니다. 쓰레기를 분해하는 데도 지렁이가 사용됩니다. 우리는 우리 삶을 유지시켜주는 그 소중한 곤충들의 역할을 무시하고 그들의 생태계 환경을 파괴하였습니다.

보리밭 옆 아까시나무 밑에 벌통이 놓여 있습니다. 벌들은 윙윙 소리를 내며 분주하게 꿀을 모으고 있습니다. 지난 가을부터 원인모를 이유로 벌들이 100억 마리 정도가 사라져서 지난 봄 과수원과 딸기 농원에서는 벌로 수분을 하는 현장마다 비상이 걸리고 많은 어려움을 겪었습니다. 우리에게 달콤한 꿀을 주는 벌은 그보다 더 중요한 식물들의 수분을 돕는 꽃가루를 운반합니다. 우리 논과 밭에 자라는 당근과 양파, 그리고 아몬드 등 세계 100대 농산물의 약 70%가 꿀벌을 통해 수분을 하고 열매를 맺는다고 합니다. 그런데 그 꿀벌들이 원인모를 이유로 사라지고 있는 것입니다. 우리는 우리도 모르게 너무나 소중한 것을 무시하고 파괴하면서 모든 생태계를 공격하는 침략자 같은 폭군이 된 것입니다. 우리는 다시 조각을 모아야 합니다.

 1974년 미국정부는 미국의 상징인 자유의 여신상을 대 수리하였습니다. 그 공사로 트럭으로 몇 십 대 분량의 철거된 엄청난 양의 쓰레기가 나왔습니다. 이 쓰레기 처리가 골칫거리여서 정부는 입찰공고까지 냈지만 사업자가 나타나지 않았습니다. 그런데 한 사람이 이 쓰레기를 처리해주겠다고 계약을 했습니다. 그는 환경당국의 허가를 받아 여기서 나온 쓰레기로 기념품을 만들었습니다. 금속은 녹여서 작은 자유의 여신상을 만들고 시멘트 덩어리와 목재는 여신상의 받침을 만들었습니다. 석 달도 안 돼 이 폐기물을 350만 달러로 현금화 하였는데 그가 쓰레기를 산 돈 보다 2만 배나 이익을 남긴 것입니다. 누구나 사소하게 여기고 버린 것 함부로 대한 것이 소중한 자산이라는 것을 생각하는 계기가 된 것입니다.

 오늘 아침은 눈앞에 날아가는 벌 한 마리, 땅에 기어가는 소똥구리 한 마리에게 소중한 고백을 전하고 싶어집니다. 네 덕분이라고…….

ⓒ 이가은

볏잎에 구르는 영롱한 물방울처럼

노랑 저고리 깃털을 곱게 고른 꾀꼬리가 아침을 깨우는 숲길을 돌아 짙은 거름기를 머물고 자란 볏잎 끝 물방울이 햇살에 보석처럼 빛나고 있습니다. 밤새 공들여 짜 놓은 거미줄 따라 행사장 장식 같은 환영등촉이 환하게 밝혀 있습니다. 촉촉이 적셔진 대지가 여름 바람에 데워져 가고 있습니다. 불과 얼마 전만 해도 푸른 보리밭이 익어 수확을 하더니만 순식간에 다시 채워진 여리디여린 모들이 이렇듯 굳게 자리를 잡고 있습니다. 볏잎이 물로 씻어 목욕을 시킨 것처럼 깨끗한 자태를 뽐내고 있습니다.

이는 스스로 자기를 깨끗하게 하는 구조를 가지고 있기 때문이라고 "포스텍 조길원 교수와 이승구 박사 연구팀의 발표"가 있었습니다. "볏잎에 물방울이 굴러가면서 각종 세균과 습기까지 제거하여 깨끗하게 한다"는 것입니다. 이 원리를 이용하여 표면이나 관을 스스로 깨끗하게 하는 기술을 개발하려고 한다는 것입니다. 자연은 우리가 알지 못하는 정말 신비한 능력을 가지고 있습니다. 물방울이 거미줄에 달려있는 것도 볏잎이 아침 햇살에 새 단장하듯 깨끗하고 짙게 빛나는 것도 다 위대한 자연의 능력입니다. 또르르 아침 햇살 따라 굴러가는 물방울이 볏잎에 준비된 솜털 같은 조직 때문에 머물지 않고 굴러가면서 깨끗하게 하듯이 살아 움직이는 동력은 생산적 힘을 선물합니다.

군대에서 훈련을 하는 중 생존 훈련에서 중요한 것이 물을 확보하는 것입니다. 그래서 물을 얻기 위해 이슬을 모으기도 하고 공기 중의 물방울을 온도 차이를 만들어 모으기도 합니다. 그러나 일반적으로 군인들에게는 물을 정화시키는 약품이 제공됩니다. 이는 오염된 물속의 세균을 살균하는 것입니다. 그러나 그것보다 원시적인 방법은 물을 받아 시간을 두고 기다리면 침전이 되고 그 윗부분 맑은 물을 사용하는 것입니다. 그리고 거름망이나 숯 또는 필터를 이용하여 걸려주는 것입니다. 물론 여기에 약품을 사용한다면 더 안전하기도 합니다. 그러나 근본적으로 그 물을 소생시키는 가장 좋은 방법은 물을 흘러가게 하는 것입니다. 물이 흘러가면 산소가 공급되고 불순물은 걸러지고 침전 되고 물이 살아납니다.

4대강 사업으로 강들이 죽어간다는 뉴스에 강에 설치한 보를 열어 주었더니 생태계와 물이 살아났다는 것입니다. 이는 소통문제입니다. 사람 간에도 막히며 온몸의 신진대사도 막히고 멈추면 문제가 발생합니다. 움직이는 물방물이 볏잎을 목욕하듯 깨끗하게 하고 오염되고 더러운 물이 살아나듯이 움직이는 것이 살아나게 하는 원동력입니다. 과거 우리 생활은 고장 나면 묶어서 쓰고 용접해서 쓰고 부품을 만들어서 썼습니다. 그러나 가전이나 차량의 시스템이 디지털입니다. 그래서 어느 한 부분의 결함으로 작동이 되지 않으면 그 비싸고 고급 기계가 멈춰 서 버리는 것입니다. 한 대에 수억이 되는 농기구도 이제는 작동부분이 디지털입니다. 그러다보니 고장이 나면 크고 비싼 기계를 들판에 세워둔 채로 기술자가 오기까지 기다리며 바쁜 계절 하루를 허비하는 경우가 있습니다.

손에 들린 휴대폰은 거의 우리의 기억과 생활의 대부분을 대신해주는 비서 같은 존재입니다. 그러나 건전지가 다 방전되거나 와이파이나 인터넷이 연결되지 않는 곳이라면 정말 아무것도 할 수 없는 한계가 드러납니다. 그 인터넷의 연결 상태에 따라 사용하는 기능의 품질이 달라집니다. 와이파이가 연결되지 않거나 충전이 되어있지 않거나 전원이 연결되어지지 않으면 고철 덩어리에 불과합니다. 우리가 살아 움직이려면 막혔던 부분, 끊어진 부분을 뚫어주고 살아 움직여야 건강한 사회, 건강한 인생을 살게 됩니다. 아침 볏잎 끝의 보석 같은 물방울처럼 서로 뭉치고 굴러 흐르듯이 오늘도 손을 내밀며 발끝에 힘을 모아 흘러갑니다.

ⓒ 허은자

154 _ 꽃비 내리는 창가에 서서

길 가를 달리는 킥보드의 교훈

휘파람새가 목이 터져라 종일 노래를 하며 뜨거운 열기 아래로 여름이 익어가고 있습니다. 분주하게 움직이던 이앙기 뒤로 융단처럼 깔려졌던 여린 모들이 벌써 푸릇하게 땅 맛을 받아 짙은 빛을 발하고 있습니다. 검녹색으로 변한 들녘에는 하얀 백로 가족이 한가로이 여름을 식히고 있습니다. 며칠 전 집안 길에 이른바 전동 킥보드라는 개인 이동기구가 세워져 있었습니다. 누군가 잠시 두고 간 모양이구나 생각했는데 엊그제는 한 아가씨가 킥보드를 타고 오더니만 길가에 세워두고 그냥 길 건너 차를 타고 가버렸습니다.

요즘 젊은이들은 물건을 관리하는 게 무책임하게 보이기도 하고 이런 저런 생각해 보았습니다. 최근 새로운 이동장치들이 많이 생겨났습니다. 그중에 자전거모양과 킥보드모양의 전동장치들을 이용하는 사람들이 늘었습니다. 그런데 갑자기 늘어난 이 이동기구와 자유롭게 타고가다 아무데나 놓고 가는 자유분방한 젊은이들을 보면서 의아해서 청년들에게 물어 보고 깜짝 놀랐습니다. 이것이 요즘 인기가 있다는 창업종목이라는 것입니다. 길가에 서있는 킥보드를 누구나 자유롭게 타고 가서 다 가면 아무데나 놔두면 다른 사람이 타고 다닌다는 것입니다. 당연히 일회적으로 타는 것이라 간편하고 어디에 챙겨둘 필요도 없어 많이 선호한다는 것입니다. 이용하는 사람들과 사업자는 편리한 결재방법이나 관리방법이 있다는 것입니다. 설명을 듣고 여기저기 서 있는 킥보드를 보노라니 꽤 많은 수가 길가에 배치되어 있다는 것을 알게 되었습니다. 그렇다면 주인은 어떻게 이 많은 기계가 어디로 타고 가서 거기에 세워 놓았는지 알까 궁금했습니다. 그런데 알고 보니 어디에 있는지 다 관리자는 알 수 있습니다. 문득 우리의 주인이 되시고 모든 부분을 살피시는 하나님을 생각합니다.

　스티브잡스는 세계적인 인간승리의 대명사로 알려져 있습니다. 그는 췌장암수술을 받은 후 스탠퍼드대학교에 초청되어 졸업식축사를 하면서 "내가 곧 죽는다"는 생각을 하면 중요한 결정을 내릴 때 도움이 된다고 말하였습니다. 대부분 종교나 사람들은 죽음 앞에 두려움에 사로잡힙니다. 그가 모든 사람이 부러워하는 사회적 성공의 자리라도 죽음 앞에 한계가 있었습니다. 그러나 기독교적으로 죽음 앞에 선다면 그것은 새로운 세계로 향한 관문입니다. 그리고 주어진 삶의 과정을 아름답고 의미 있게 아껴가며 가치 있게 살아가는 지혜입니다. 다가오는 세계로 향하여 준비하며 소망을 품는 것입니다. 똑같은 장소에 어떤 사람들이 자리하느냐에 따라 의미가 달라집니다. 소망을 품고 미래를 준비하며 사는 고시생들이 모인 곳이라면 거기는 고시촌이라는 이름을 가지게 됩니다. 그러나 폭력을 좋아하고 범죄를 일삼는 사람들이 모인다면 거기는 사회적 요주의 장소가 되어 우범지대로 분류됩니다. 바라기는 오늘도 꽃씨를 뿌리고 아름다운 향기를 발하는 사람들이 많아져서 꽃동산이 되었으면 좋겠습니다. 몇 년을 살다 가느냐 보다 어떻게 살아가느냐가 중요합니다.

 오늘도 나의 인생의 자료로 남을 운행기록처럼 그리고 관리자의 컴퓨터에 그려질 동선과 결재 내역에 굵고 선명하며 선한 기록들을 남기며 달렸으면 합니다. 의미 있는 흔적을 남긴다면 거기에 꽃이 피어나고 은은한 향기가 머물 것입니다. 우리가 지금은 어디에 서 있는지 어디를 달리고 있는지 관리자의 데이터에는 정확하게 저장될 것입니다. 시간을 아끼는 적극적인 마음으로 소망을 품고 미래지향적인 기록, 포근하고 따뜻하고 열려진 가슴으로 부끄럽지 않은 시간을 채우고 싶습니다. 우리가 어디에 가든지 무엇을 하든지 어떤 생각을 품든지 우리의 주인이시며 관리자를 의식하며 오늘도 하루라는 킥보드를 위에 소중한 하루를 달려봅니다.

고향의 진한 향기를 그리워하며

　푸른 도화지에 하얀 뭉게구름을 그려 놓은 듯 여름 하늘이 아름답게 펼쳐집니다. 제자리 찾아온 매미는 오랜 시절 마을 앞 역사를 지켜본 느티나무 위에서 합창제를 열었습니다. 고향은 이야기 뱅크입니다. 길목마다, 나무마다 그때의 이야기가 향기 되어 흘러옵니다. 갑자기 열기가 가득한 한증막으로 들어서는 듯 흙냄새를 품은 열기가 얼굴로 확 달려듭니다.

　고향이 그리워 시간을 내어 어린 시절 마을로 향해 달려갔습니다. 고목으로 둘려진 숲 속 오래된 고향의 동각에는 모내기를 끝낸 어르신 몇 분이 시원한 바람을 향하여 한담 중이었습니다. 굳게 닫힌 어머니가 사시던 대문을 열고 들어서니 돌을 쌓아 황토 바른 야외 아궁이 위에 커다란 녹슨 가마솥이 나를 반겨 주었습니다. 어머니 계시던 때 그 달궈진 솥에서는 김이 모락모락 올라오며 온 집안에 밥이 익어가는 냄새를 풍겼고 해질녘 저 멀리 동구 밖까지 그윽한 어머니의 된장국과 생선 굽는 고소함이 피어올랐습니다. 모처럼 찾은 고향, 어머니가 늘 앉아 계시던 아궁이 앞에 앉아 지난 어린 시절의 냄새를 찾아봅니다. 이제는 그 어르신들이 떠나버린 텅 빈 마을과 고향집에는 어머니의 사랑스런 냄새가 머물고 정자 옆으로는 어른들의 이야기 소리가 흘러 들리는 듯합니다. 표현하기 묘한 고향내음이 배어 있는 삭아 가는 마룻바닥에 얼굴을 대어 봅니다. 대밭을 지나 온 바람이 언덕 아래로 꽃향기를 싣고 살랑살랑 불어옵니다. 무수히 흩어 피어난 꽃들은 각기 자기들의 향을 품고 있습니다. 그 꽃이 품고 있는 향기는 더욱 사람의 마음을 설레게 하는 촉매가 됩니다. 향기는 자신만의 정체성을 포함하고 있습니다. 하나님은 우리에게 보고 듣고 맛을 알고 느끼게 하면서 이 향기를 맡는 후각을 주셨습니다. 어떤 분이 건강 프로그램에서 이런 고민을 털어 놓았습니다. 식당을 운영하려는데 냄새를 맡지 못하는 증상으로 고통을 겪고 있다는 것입니다. 사실 우리가 음식을 맛있게 먹을 수 있는 것 역시 후각을 통해 그 기쁨이 커지기 때문입니다.

 냄새를 못 맡으면 식욕도 없어지고 결국 이 문제로 우울증을 호소하기도 합니다. 그래서 예부터 불문향취(不聞香臭)라 해서 냄새를 맡지 못하는 것을 큰 고통으로 여겨 치료를 해 왔습니다. 솜털로 보송거리는 손자의 얼굴에서 나는 부드러운 냄새, 들에서 돌아와 아직 땀 냄새가 나던 엄마의 품에서 느꼈던 냄새는 이 세상에 가장 따뜻하고 행복한 냄새이며 평생 위로가 되고 힘이 되었습니다. 또한 가시에 찔려 상처 난 백합처럼 시련당하고 버려지며 발에 밟힌 그 고통 속에 진한 향기가 우려져 나기도 합니다. 또한 상처 난 곳을 감싸기 위해 내뿜은 인고의 송진향기도 있습니다. 언젠가 내가 머문 이 자리, 맛난 음식에서 나오던 사랑의 향기처럼, 잘 익은 과일 향처럼, 깊은 인생의 삶 속에 만들어진 깊은 인격에서 배어 나오는 따뜻한 생명의 향기를 만들어 내는 삶의 주인공 되고 싶습니다. 물을 맑게 하는 방법에는 약품으로 세균을 소독하고 불순물을 침전시켜 걸러냅니다. 그중에 가장 좋은 방법이 물이 흘러가면서 산소를 공급하여 물을 살려내는 과정입니다.

흐르는 바람에, 지나가는 시간에, 내 영혼의 향기가 아름답게 정화되길 소원합니다. 세월이 흐르고 나이가 들면서 점점 악취가 나는 것 같은 두려움 속에서 인격적 향기는 감동이 되고 위로를 가지게 합니다. 특히 사람마다 그 사람이 가진 삶의 과정에서 인격과 품성의 향기가 있습니다. 바라기는 나를 기억하며 찾아온 귀인들에게 악취가 아닌 은은한 향기가 되었으면 좋겠습니다.

그리운 어머니의 음성

하늘을 열고 찾아온 초여름 햇살과 산을 넘어온 시원한 바람은 산 아래 다랑이 밭으로 찾아옵니다. 겨우내 찬바람과 눈 속에 인고의 시간을 보냈던 보리밭이 어느 새 황금색으로 익어갑니다. 보리밭 아래로 그늘을 찾아 살금살금 어미 뒤를 좇아 나오는 병아리 꿩들의 아장아장 걷는 걸음에 보리밭은 생명력이 넘쳐납니다. 여섯 마리 정도 되어 보이는 아기 꿩들은 어미 꿩의 뒤를 따라 이리저리 뒹굴고 발로 바닥을 헤치기도 합니다. 멀리서 지켜보는 인기척이 있음에도 어미는 그 곁을 떠나지 않고 아기 꿩들을 챙기면서 분주하였습니다.

오월은 여러 가지 의미 있는 사람들을 생각하며 기념하는 기념일이 많습니다. 인생사에 어느 순간 소중하지 않은 날이 없겠지만 사랑하고 존경하는 대상을 기억하는 날은 근본을 찾는 시간이요, 그 포근함과 힘을 얻는 일이기에 너무나 중요한 의미를 가지게 됩니다. 보리밭이 베어지고 모내기가 시작되는 이때가 되면 부모님이 사시던 고향에 찾아갑니다. 거기엔 부모님냄새가 아직도 배어 있습니다. 아궁이를 타고 들어가는 불을 지펴 밥을 지어 주시던 어머니의 수건 쓴 뒷모습, 저물어 가는 노을을 밀어내고 어둠이 몰려 올 때까지 마른하늘을 뚫어 어렵게 천수답 물을 잡아 못자리 모를 쪄 지게에 지고 들어오시는 아버지의 발걸음이 느껴집니다. 오래 전 떠나가신 아버지와 그리워도 뵐 수 없는 어머니의 흔적들 위로 대형 트랙터가 지나가면 모내기 판을 만들고 이양기의 바쁜 손이 모를 심어갑니다. 사람들은 가족을 찾아 갑니다. 서로 얼굴만이라도 보거나 목소리라도 듣기 만해도 그야말로 계산 할 수 없는 에너지를 얻기 때문입니다.

　이번 한 조사기관이 부모님께 선물하고 싶은 것이 무엇인가를 조사해보니 65% 정도가 부모님께 드릴 선물이 현금으로 조사되었습니다. 이어 건강식품이나 패션상품 가전제품들도 들어있었습니다. 또 전달방법도 택배 등을 이용하지만 직접 전하고 싶다는 마음도 표현되었습니다. 코로나19로 여전히 서로 만나기 조심스럽고 안타까운 시대에도 막을 수 없는 부모님과 자녀들에 대한 관계는 세상 논리로 설명이 어려운 것 같습니다. 이 세상의 수많은 아름다운 것을 많습니다. 자연 만물 속에나 그리고 어떤 행함 속에서 나타나는 아름다움도 있습니다.

유명한 예화집에 있는 이야기처럼 "하나님께서 천사장 가브리엘에게 가장 아름다운 것을 찾아오라고 임무를 맡겼다고 합니다. 천사는 이곳저곳을 살펴서 아름다운 것들을 많이 보면서 그중에 특별한 아름다움인 향기로운 꽃과 평화롭고 순수한 어린아이 웃음과 자녀를 위해 헌신하는 어머니의 헌신을 가지고 갔다고 하지요. 그런데 꽃은 가는 도중 시들어 버렸고 아기의 미소로 늙어지며 표정이 굳어져 버렸지만 끝까지 변하지 않고 여전히 아름다움을 나타낸 것이 어머니의 희생이었다"고 합니다. 부모님의 사랑은 최고의 선이며 가장 멋지고 아름다움입니다.

어느 시대나 동서양을 막론하고 부자나 가난한 자나 학식의 유무에 상관없이 부모의 사랑은 여전히 숭고하고 아름답습니다. 아버지 사랑은 태양처럼 여전하고 어머니의 사랑은 샘물처럼 솟아난다고 합니다. 퍼내고 퍼내도 마르지 않는 영원한 샘물과 같습니다. 이 땅의 사람들은 변화무쌍하고 이해타산 적입니다. 그러므로 때론 그 종말이 추한 결과로 변질됩니다. 이웃 나라 중국에서 전승되어 온 『한시외전』이란 책에 "가지가 많은 나무는 평온하려 해도 흔들거리고 부모님의 은혜를 알아 효도하려 할 때 부모님은 떠나시고 기다려 주지 않는다"고 했습니다. 떠나가신 부모님을 향한 그리움에 적어둔 어머니를 향한 시를 찾아보니 여러 편이었습니다. 어머님이 그리워 적은 시입니다.

그믐날 모정//동구 밖/은행나무 위 까치는/이른 아침 분주하게 서둘며 온 마을을 깨웁니다//어머니는 벌써 가마솥에 불을 지폈고/지난 봄 말려 둔/연한 쑥 바구니 꺼내셔서/가마에 삶고 수수 넣어 쪄서/쑥떡을 빚으십니다//모락모락 피어오르는/쑥밥과 인절미밥을 절구에 담아 옮기고/온 식구 동원되어/절구공이로 찰지게 내리쳐서/덩이 떡을 뭉칩니다//널다란 안반을 닦아 광에 펴 놓으면/콩가루 화장 입힌 인절미 덩이/널다란 떡 판이 되어 가득 펴지고/수건 쓴 어머니는 솥뚜껑 칼로/기도하듯 반듯하게 오려 담습니다//하얀 눈이 내리는 고향집 초가지붕 너머로/섣달그믐의 지친 해는 사라져가고/푹 삭힌 식혜 가마솥에는/조청이 다려져 굳어져 갑니다//붉어져 얼어버린 어머니 얼굴은/벌써 고이 손질해/풀 먹여 다려놓은 설빔을 꺼내어/가족들 머리 맡에 챙기어 놓고/행복한 호흡으로 등잔을 불어 끄십니다//깊어 가는 그믐밤/어머니 냄새 베인 추억을 붙들고/꿈 속에 고향을 찾아 잠자리에 듭니다. 늘 잊어버리고 사는 것 같지만 내 마음 속엔 아직 어머니가 살아계십니다.

멀리서 보릿대 타는 연기 냄새와 모낸 고향 동산 너머에서 나를 부르시던 어머니의 음성이 들려오는 듯하여 마음이 둥실 구름에 실려 행복한 노래를 불러봅니다.

행복한 에필로그(epilogue)를 준비하면서

　계곡을 따라 바람결에 흘러 온 짙은 아카시아 향기가 초여름 문틈으로 스며들어 옵니다. 흐르는 시간은 계절의 변화를 통해 우리에게 알려 주며 자연의 변화를 통해 증거하고 있습니다. 꽁꽁 걸어 두었던 겨울 빗장을 열고 찾아온 희망의 봄 손님은 새싹과 신록의 푸름으로 온 땅을 일어나게 하더니 봄꽃을 떠나보낸 자리의 짙어져 가는 녹음이 작열하는 계절을 기다리고 있습니다. 모든 일에서는 그 일이 시작되기 전까지의 과정이 있습니다. 그리고 드디어 현실화 되어 나타납니다. 건강진단을 받아 어떠한 병이 발견되면 의사는 그동안의 과정을 추적합니다. 가족력은 있었나? 언제부터 그 병과 관계된 증상들이 나타나고 있었나를 기반으로 치료의 계획을 세우는 것입니다. 그러므로 모든 일에는 반드시 그 일이 되기까지의 프롤로그가 있습니다.

오래 전부터 인류에겐 문화라는 것이 형성되면서 그중에 줄거리를 가진 공연 등이 있어 왔습니다. 그런데 그 연극의 시작될 때 그 사건이 있기 전의 상황을 '프롤로고스(prologos)'라는 방식을 통해 배우가 나와서 설명을 했습니다. 공연이 시작되기 전 앞으로 전개될 내용의 상황을 설명하는 해설적 기능이 있습니다. 최근에는 어떤 주제의 책이나 소설 등에 앞부분에 작가가 설명하는 글을 '프롤로그'라고 글이 끝난 후 전개될 상황을 '에필로그'라고 기록하여 독자들의 궁금증을 해소시켰습니다. 가장 좋은 에필로그는 그림이나 연극을 본 후 떠나는 발길이 행복하고 즐겁게 돌아가도록 하는 것입니다. 그러나 18세기 이후부터는 독자들의 해석과 상상에 맡기게 되므로 에필로그는 거의 사용하지 않고 있습니다.

우리는 결혼식에 참석하면 그들이 결혼하기까지의 그 숨은 이야기들을 들으며 그 결혼식의 의미를 더욱 극대화하며 감동합니다. 봄이 되면 온 땅에 새 생명들이 탄생합니다. 새싹이 돋아 올라오며 산새도 들짐승도 동물들도 새끼를 낳아 희망찬 출발을 시작합니다. 그러나 그 생명의 역사가 일어나기 까지 지난겨울을 이겨 낸 소중한 시간들 그리고 봄이 오기 전이 더욱 춥고 새벽이 오기 전이 더욱 어둡다고 하듯이 그 각고의 시간을 이긴 자에게 주시는 선물이 새 생명이고 소망입니다. 유머집을 읽다가 아주 큰 깨달음을 준 이야기가 있습니다. "어느 날 거대한 코끼리의 등에

개미한 마리가 올라있고 코끼리는 길을 걸어갑니다. 그 뒤로 윙윙거리며 하루살이 한 마리가 동행하고 있습니다. 한참을 걷던 코끼리가 개미에게 짜증을 내며 말합니다. 야. 개미야 너 내려 무거워서 힘들다 어서 내려가라. 그 소리를 들은 등에 있던 개미가 콧방귀를 끼며 말합니다. 너 그런 소리하면 밟아 죽일 거다. 라며 으름장을 놓습니다. 코끼리와 개미가 옥신각신 다투는 것을 지켜보던 하루살이가 하는 말이 참 세상은 오래 살면 별 일을 다 본다더니 별일이 다 있네 하더랍니다." 참 재미도 있지만 한편으로는 타인도, 자신도 알지 못하는 사회적인 관계성의 부족입니다. 이렇듯 자기 자신도, 다른 사람을 바로 알지 못하는 이 시대를 바른 안목으로 아름다운 에필로그를 위하여 오늘을 살아가는 지혜가 필요합니다.

　나폴레옹은 자기 "사전에는 불가능이 없다고 자신 만만한 사람"입니다. 그런 그가 가장 두려워 한 시간이 있었답니다. 그것은 이발소에 가서 면도를 할 때라고 합니다. 그래서 이발 할 때는 이발사의 아들을 부하에게 끌어다 놓으라 하고 이발을 시켰다는 말이 있습니다. 세상의 가장 큰 권세자 중 하나인 중국의 진시황은 죽음이 제일 두려워서 그 죽음을 이겨보려고 전 세계에 불로초라는 것을 구하여 오도록 사람들을 보냈습니다. 그러나 그는 50세도 못되어 세상을 떠났습니다.

　우리는 우리 인생이라는 책의 에필로그를 준비해야 합니다. 여기까지 이렇게 살아왔으니 앞으로는 이런 세상이 펼쳐질 것이라고 이 사건 후의 이야기를 예견하여 소망을 품었으면 합니다. 그리고 지금 우리의 소중한 보물들을 살펴야 할 것입니다. 과거가 있어서 오늘이 있고 오늘로 말미암아 미래가 있듯이, 나와 당신, 시간과 환경, 그리고 사람 등 수많은 관계를 잘 유지하며 살아야 합니다. 특히 사람과의 관계에서 만 명의 지인을 자랑하기보다 힘들고 어려울 때, 즐겁고 좋을 때 함께하는 진정한 한 명의 친구가 더욱 필요하다는 말이 있습니다. 우리는 관계의 끈을 사랑과 축복으로 연결해야 합니다. 관계가 잘못되면 네 탓이라고 서로 정죄하고 공격하는 무서운 시대에 "덕분입니다." 덕을 나눈다는 덕분(德分)이라고 서로의 고마움과 가치를 인정한다면 우리의 인생의 에필로그는 "그러므로 잘 살았더랍니다"라고 적을 수 있을 것입니다.

秋

달빛을 따라
창문은 열리고

달빛을 따라 창문은 열리고

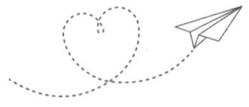

산자락으로 흘러 온
진홍빛 물감은
다리고 모아
휘어진 가지 위에 멈췄다

찬바람 섞인 햇살은
숲을 열고 가슴으로 들어와
마지막 잎새를
붉게 물들여 버렸다

말라가는 잎사귀 위에는
서러운 눈물이 가득 고이고
달빛을 따라 창문이 열리고
만추의 시간은 고요히 흐른다.

가을

저문 해
가을의 하루가
낙엽과 함께 지고 있습니다

무심한 바람은
매정하게
폐부에 송곳처럼 채우고

호롱불 켜둔
밀창 너머엔
달마저 멀어져 갑니다.

가을 리허설

서늘한 새벽
익숙한 길 위
오늘도 하룻길
새로운 시대가 열린다

선물처럼
살며시 다가와
친근하게 어깨 기대는
이슬 젖은 바람은
가을의 향기를 품었다

무대 뒤 놀란 귀뚤이
리허설 중
침 삼키며 피리 닦으며
숨 죽여 맛 뵈기,
가을의 노래를 부른다.

달빛 창가에서

슬며시 하루가 떠나고
저물어 가는 길 모퉁이에는
차곡~ 차곡히
어둠으로 쌓이고 있습니다

짙어진 가을 밤 무대엔
아기 실솔(蟋蟀)의
서투른 버스킹이
벌써 시작되었습니다

익숙한 멜로디
뜻을 알 수 없는 노래는
버벅거리는 옹알이 되어
웜 톤(warm tone)으로 스며듭니다

바람 속 창문은 열리고
고개 내민 여린 달빛이
나를 따라 웃어줍니다.

ⓒ 이동식

어느 새

낙엽 지는
숲 길에
가을이 익어가고 있었습니다

어느 새
떠나 버린 세월

분주한 삶
나만
눈치도 못 챘었는데.

동탄의 아침

계절이 떠나간 자리
가을로 접어든
낯선 가로수 길엔
햇살 맞은 바람따라
어깨 위로 색동낙엽이 내린다

이방인이 되어
첫 발을 놓는 공원 벤치엔

도시에 눌러 앉은
산새 한 마리
심문하듯 주위를 맴돌며
제 집인 듯 텃세를 한다

오호라
너나 나나 우린 모두
나그네인 것을.

로즈마리 피어나는 언덕

더디가는 시계바늘
그래도
행복한 설렘으로
가슴이 뛰는 것은

기다림을 만든 소중한 약속

하루가 다가는 언제나 그 시간
로즈마리 피어나는
분홍빛 작은 문이
살며시 열리는 시간.

추석이 다가오는데

해마다
이맘 때가 되면

누렇게 퇴색되어
빛바랜
추억의 문들이 열리고

가슴 한편에
숨었던 그리움이
울컥 복받쳐 오른다

여느 때처럼
빙긋이 미소 지으시며
분주하게 기다리시던 어머니

마냥 좋기만 하셨을까
부모 마음 깊어
둔한 자식은 헤아릴 수 없지만

고개 들 수 없는 죄송함은
마음에서 울고

아무도 기다려주는 이 없는
고향 집 그 자리로
그리움이 향한다.

코스모스

저물어 가는 석양의 오솔길
하루의 뒷자락를 붙들고
상념의 길을 걸어

매서운 태풍에 할퀴고
무더위에 지쳤던 어깨 위로
등촉처럼 환하게 핀 코스모스

떠나지 못한 매미는
아쉬운 석별의 쉰 노래를 부르고
가을날 오솔길에 어둠이 내려

서툰 밤으로 향하는 귀가길
하늘거리는 미소가
나의 길을 밝힌다.

주님의 숲에서

임께서
앞서 가신
익숙한 숲길에
오늘도
하얀 아침이 열렸습니다

임의
숨결이 남은
작은 풀잎 끝은
아직도
가늘게 하늘거리고

임의
체온이 남은
젖은 잎사귀 위론
살포시
하얀 증기가 피어 오릅니다

임의
가슴에 살던
고운 새 한 마리
호젓한
숲 길의 꽃이 되어 기다립니다.

ⓒ 이성은

나도감나무

가을이 머무는 산자락 따라
얼굴에 부딪히며
흘러오는 바람은
고향의 겨울바람을 닮았습니다

고향 집 돌담 곁에
감나무가 두 그루 있었습니다
목이 빠져라 기다리던
홍시 만들어 주던 주먹만한 명품 감나무

그 곁에
겨우 콩알만한 감이 열리는
그래도 자기도 감나무라고
이름은 "나도 감나무"

먹지도 못하는
감나무를 바라보시던
아버지는 해마다 말씀하십니다

내년에는 좋은 감으로 접을 붙여야겠구나!

가지만 앙상한 감나무 위로
하염없이 눈이 내리는 겨울 날

하얀 고깔 위로
햇살 머금은 나도감나무 가지엔
투명 꽃들이 붉게 피어 있었습니다

참새 떼 조잘대는
오늘 아침은
나도감나무 가지 위가
행복한 잔치집이 되었습니다.

© 이성은

모정

이제는 떠나야 한다며
고개를 넘어 흘러온 시간은
준엄한 계절의 깃발을 내리며
문 열고 채근합니다

재촉하는 호령에도
차마 떠날 수 없는 모정
놀라지 않을까 살포시 내려와서는
자식 덮어 안아 줄 포근한 이불이 되었습니다

시대가 바뀌었다 북 소리 울리고
야속한 바람은 회오리가 되어
자꾸만 자꾸만 멀리 밀어 날리는 오후
석양의 해 그림자엔 붉은 눈물이 어렸습니다

낙엽되어 부스럭 거리는
어머님의 발자국 소리에
자식의 가슴은 먹먹해져 웁니다.

익어가는 가을

울타리 너머
붉어 가는 보리 대추 위로
가을이 성큼 내려앉았습니다

쌀쌀한 바람
짧아진 햇살을 붙잡고
급해진 가을이 익어가고 있습니다

휘어진 가지 위
조잘조잘 아기 파랑새의
마실 얘기는 온통 가을입니다

철이네 찰논에도
산 너머 단 과원에도
가을로 가득 익어가고 있습니다

창가에 기댄 설익은 나그네의
떨리는 눈빛에 마당가 감나무가
붉게 익어가고 있습니다.

가을이 지네

그물도
막지 못해 포기한
바람 한 줌
저어만치
달려간다

아직
내 계절이라 우겨대는
붉은 절규는
온 산을 울린다

눈치 빠른
산 짐승
굴 속 깊이 겨울을 쌓는다

인사도 못 건넨
아쉬움에
달려 나간 뒷모습엔
예뻤던 추억만 기억하란다.

꽃무릇

대지의 깊은 가슴
용솟음치던
심장의 외침이

끝자락 계절을 붙들고
오롯이 솟아 올라와
기필코 화관을 만들었습니다

흐르던 동맥을 열고
잃어버린 언어 대신
산야를 물들여 연서를 적었건만

솔가지 아래 무심한 바람은
임의 사립을 지나쳐 흘러가 버렸습니다

붉어진 얼굴
더 높게 목 빼
사랑하노라!

구름 불러 애원하건만

야속한 가을날 오후는

아쉽게도 벌써 저물어가고 있습니다.

ⓒ 이동식

© 이동식

낙엽에서 인생의 겸허(謙虛)를 배우다

 밤새 불어온 소슬바람에 오솔길은 성급한 낙엽이 융단을 깔아 둔 듯 울긋불긋 꽃길을 만들어 놓았습니다. 숲길은 매일 그 자리를 지키면서도 날마다 새로운 모습으로 단장하고 말을 걸어 인사를 건네옵니다. 비가 젖은 날에는 허리를 숙여 그리움을 부르는 슬픈 빛깔로 눈물을 글썽입니다. 안개가 가득 내린 아침, 신비한 꿈나라의 동화를 들려주는 듯하고, 바람이 불며 어두워져 가는 흐린 날에는 긴장한 얼굴로 인사를 건네기도 합니다.
 새싹이 돋아 오르던 봄날 꿩 울음소리에 햇살 아래 연 푸른 희망을 그려 놓았습니다. 겨우내 얼었던 마음속에 간직한 고운 마음을 진달래 분홍빛으로 수줍게 피어 불을 밝혀줍니다. 무더운 여름 날 짙은 녹색 잎으로 태양을 가려 고운 임 걸어가신 길, 그

늘을 만들어 안내해줍니다. 고사리 귀엽게 봉곳하게 피어오르던 좁은 숲 속의 작은 오솔길에 오늘은 가을바람이 불어옵니다. 지친 멧비둘기 목쉰 외침으로 임을 부르고 말라버린 고목에 딱따구리는 보금자리를 만들며 새벽부터 잠자는 산을 흔들어 깨웁니다.

　오늘도 여전히 숲길은 나름 단장을 마치고 손님들을 반기며 맞이하고 있습니다. 창조주 하나님이 만든 자연의 모든 이치는 철저하고 완벽하게 설계되어 있습니다. 진화론자들은 자연이나 모든 생물들이 생존을 위해 진화되었다는 우연의 일치를 말합니다. 이는 자연이 스스로 이루어낼 수 없는 엄청난 메커니즘(mechanism)이라는 것을 정직하게 깨닫고 알면 창조주 앞에 오만한 무릎을 꿇게 될 것입니다. 우주의 모든 자연 만물은 한 가지도 어긋나지 않고 모두 철저한 신비한 메커니즘을 간직하고 있습니다. 모든 만물은 계절을 따라 부름켜를 통해 몸집을 늘리기도 하고 떨켜를 통해 줄이기도 합니다. 그래서 새싹을 내고 꽃을 피우며 성장합니다. 그러나 겨울을 지내기 위해 몸집을 줄이려고 엽록소가 줄어들고 잎사귀를 떨어뜨려 보내고 앙상한 가지로 겨울을 나는 철저한 프로그램이 내장되어 있는 것입니다. 밤의 기온이 내려가면 숲 속은 가을의 활동을 시작합니다. 뿌리는 수분 공급을 줄이고 가지와 줄기를 물기를 줄여줍니다. 잎자루에 떨켜층 세포가 생겨 물과 양분 공급을 막아줌으로 잎사귀에 수분이 줄어들어 동사하지 않으려 아름다운 단풍으로 물이 듭니다. 어찌 보면 나무로서는 자신의 생을 유지하는 유일한 수단이지만 우리는 그 물들어가는 단풍에 감동하고 아름다움을 느낍니다. 그리고 그 아름다운 단풍이 말라가며 낙엽이 되어 속절없이 떨어지는 것입니다. 그래서 단풍과 낙엽이 아름다운 이유는 미련 없이 겨울을 향한 희생으로 자신을 지켜나가는 철저한 절제와 관리를 다하는 숭고한 자연이 아름답기만 한 것입니다.

낙엽이 아름다운 숲 속에 도토리를 입에 가득 문 다람쥐가 쫑긋 인사하며 겨울 채비를 합니다. 나무의 일생만 살펴보아도 아마 인생을 사는 바른 삶의 지혜가 그 속에 새겨 있음을 알게 됩니다. 한 번도 거역하지 않고 순리를 따라 피고 지고 때에 따라 자기 역할을 다합니다. 욕심 내지 않고 순응하는 자연의 섭리 앞에 부끄러운 인간의 생로병사(生老病死)의 나그네 길에서 욕심으로 가득한 얼굴이 붉어집니다. 60년대의 대표적인 문학가이며『절대고독』이란 시집을 낸 크리스챤인 김현승 시인의 "가을에는 기도하게 하소서. 낙엽들이 지는 때를 기다려/내게 주신 겸허한 모국어로 나를 채우소서." 이하 생략. (김현승,「가을에 기도하게 하소서」) 낙엽이 지는 것을 바라보는 시인은 그 앞에 겸허한 모국어, 즉 원초적 언어를 찾아내려 한 것 같습니다. 겉치레로 표현된 것이 아닌 겸손한 마음으로 무릎을 꿇고 기도하여 창조주 앞에 엎드림같이 오늘 아침 겸허하게 무릎을 꿇어 배우고 엎드립니다.

거인의 족적(足跡) 같이

저문 해 가을의 하루가 낙엽과 함께 저물고 있습니다. 무심하게 바람은 매정하게 폐부로 송곳처럼 채우고 호롱불 켜둔 슬픈 밀창 너머로 이른 달마저 떠나갑니다. 가을의 시간은 너무나 빨리 떠나갑니다. 우리는 가을의 풍요를 바라보면서 한편으로는 떠나보내는 낙엽과 계절의 쓸쓸함과 서운한 마음에 가슴이 먹먹해지기도 합니다. 얼마 전 존경하는 대 선배님이 세상을 떠나셨습니다. 누구나 그분의 인격과 삶을 알기에 모두 숙연하고 큰 스승을 잃은 슬픔과 좋은 선배님이 떠난 허전함으로 장례예식에 참여하였습니다. 그분에게 배운 제자들 그리고 그분에게 사랑을 받은 사람들, 모두 그분과의 추억을 이야기 나누며 안타까움을 고백하는 자리가 마치 한 분의 일대기를 써 내려가는 시간 같기도 했습니다. 그분은 우리에게 큰 울림과 커다란 방향을 제시하는 나침반 같은 분이셨지만 그분이 떠나는 모습은 너무나 검소하고 단아하였습니다. 마지막 가시는 길 운구하는 앞자리에서 서서 그분의 사랑과 우리에게 향하신 위대한 가르침의 무게를 느껴 보았습니다.

중국의 노자라는 사상가는 '선행무철적(善行無轍迹)' 수레가 지나가면서 바퀴 흔적을 남기고 지나가지만 정말 선한 일은 그런 흔적이 없는 무철적이고 골을 남기지 않는다면서 흔적 없이 선한 삶을 살자고 가르쳤습니다. 성경의 기록에는 "사람에게 보이려고 그들 앞에서 너희 의를 행하지 않도록 주의하라 그리하지 아니하면 하늘에 계신 너희 아버지께 상을 받지 못 하느니라 그러므로 구제할 때에 외식 하는 자가 사람에게서 영광을 받으려고 회당과 거리에서 하는 것 같이 너희 앞에 나팔을 불지 말라 진실로 너희에게 이르노니 그들은 자기상을 이미 받았느니라 너는 구제할 때에 오른손이 하는 것을 왼손이 모르게 하여 네 구제함을 은밀하게 하라 은밀한 중에 보시는 너의 아버지께서 갚으시리라"(마 6:1-4)

진정한 사랑과 섬김은 성숙함으로 나타나는데 그 자랑으로 나타내지 않고 묵묵히 그 선한 중심을 행한다는 것입니다. 그러나 그 감동과 영향력은 엄청난 파급력을 가지고 있습니다. 두아디라성의 자주 장사였던 루디아가 세상을 떠났습니다. 그런데 그 여인의 사랑과 섬김은 사랑을 받은 수많은 사람들의 삶에 그리

ⓒ 이성은

고 가슴에 흔적으로 남았습니다. 그래서 그들은 그를 잊지 못하고 살려 달라고 사도에게 요청합니다. 유명한 식당에 가면 유명한 명사들이 그곳에서 식사를 하고 갔다며 싸인을 벽에 붙여두었습니다. 그것은 그 식당이 그만큼 유명하다는 것이지만 심지어는 대통령이 식사하고 가면 그분이 앉아서 식사하고 간 자리라고 구별하여 자랑하기도 합니다. 우리 몸에 남은 흉터 하나도 다 사연을 간직하고 있습니다. 그리고 그날을 기억하고 있습니다. 지나간 행사 현장에 남은 흔적, 사랑하는 사람들이 왔다가 지나간 자리에 남은 옷과 물건들은 큰 감동과 가슴을 찡하게 하는 흔적입니다.

귀한 분의 마지막 가는 장례식에서 사랑하는 서오근 시인의 「석공」을 읽어드리면서 그분의 삶이 돌을 깨고 모양을 만들어 위대한 작품을 만들어 내었듯이 그분의 삶이 마치 석공 같다고 소개하였습니다. "거센 눈보라 속에서도/살을 에이는 혹한에서도/수분을 송두리째 말리는 폭염 속에도/석공의 망치질은 쉬지 않았어라//부딪치고 쪼는 파열음/파편은 분산되어 육신을 학대하고/망치 쥔 손에 맺힌 선혈이여/뜨겁게 내리는 땀의 소나기여!//걸음걸음 주님 주님의 십자가 따라/땀으로 피로 눈물로 여기 에벤에셀을 세우고/오늘을 안식하는 위대한 장인이여/하늘의 영광 있으라/하늘의 상급 넘치리라"(서오근, 「석공」)

석공이 남긴 위대한 흔적처럼 우리 가슴에 남은 흔적을 되새겨 봅니다.

해 저무는 들녘에 서서

　농로를 따라 가녀리게 피어난 코스모스가 바람에 우아하게 흔들리며 춤을 춥니다. 들판에는 눈부신 햇살에 아름다운 황금물결을 출렁이고 있습니다. 벼를 베는 콤바인은 마치 이발사의 이발기처럼 황금빛 화폭에 감사의 그림으로 채우고 있습니다. 예전 같으면 낫을 든 농부들이 모여 한 땀 한 땀 베어갔을 자리에 이웃들과 웃음소리도 사라지고 이제 수억 원대 기계가 그 자리를 대신하고 있습니다. 근대화의 물결은 우리 모든 삶을 편리하게 그리고 효율적으로 변화시켰습니다. 그러므로 생산성도 늘어나고 훨씬 더 부요해진 생활을 누리며 여유를 가지게 합니다. 그러나 함께 해야만 살아갈 수 있었던 정겨운 전원은 기계가 차지하고 이웃보다 외국인 근로자들이 그 자리를 채워가고 있습니다. 지역

대형마트에는 여기가 외국인가 싶을 정도로 외국인들이 함께하고 이름모를 식재료와 향신료들이 가득합니다.

　우리나라는 어느새 다민족 시대로 접어들어 가고 있습니다. 우리의 자랑은 백의민족, 단일 민족이었습니다. 그러나 세계화의 물결 속에 우리의 활동 영역은 이미 글로벌한 꿈을 품고 생활하고 있습니다. 그러다 보니 우리들의 진출 못지않게 다른 나라 사람들이 우리에게 유입되어 우리 삶의 현장에 그들이 차지하는 역할이 커지고 있음을 인정할 수 있습니다. 지역의 한 대학교도 중국인 유학생들이 늘어 학교에도 외모는 우리와 비슷하나 들어 보면 우리말 못지않게 외국어들이 많이 들려오는 대학 캠퍼스가 되었습니다.

　우리나라도 이민정책이 많이 발전되었습니다 우리는 과거 외국으로 아메리칸 드림이나 캐나다·브라질 등으로 삶을 찾아 외국으로 떠난 이민자들이 주류였습니다. 그러나 우리나라 이민 정책도 이제는 출입국 정책이 달라지고 외국인들을 어떻게 나라에서 활용할 것인지에 대한 정책과 그들이 우리 속에 사람으로 발생하는 사회적 이질감에 통합하고 더불어 공존하기 위한 정책들이 세워지고 있습니다. 농촌에 결혼으로 인한 외국인 유입과 산업 현장과 농어촌의 인력난으로 인한 노동자 수요로 인해 현실은 이제 더불어 같이 가야 할 필연이 되고 말았습니다. 그리고 국내로 유입되는 외국인들의 다양한 문화와 편리와 존중을 돕는 행정관서의 과도한 보호가 토착인들과의 괴리도 발생하고 있습니다.

낫을 들고 참을 메고 오던 정겨운 들녘에 육중한 이양기의 기계음으로 가득한 가을 들녘에 국적을 모를 노동자들이 쌀가마니를 메고 양파 모종을 하는 들녘은 변해도 너무나 변해 있습니다. 우리의 편리와 농촌의 형편으로 인한 당연한 변화이지만 우리의 정겨움과 서로를 존중하던 두레의 사랑이 사라져버린 들녘에 하루 해가 저물어 갑니다.

사라져버린 볏단 대신 기계가 말아 놓은 거대한 가축들 겨울 사료 덩어리가 마치 공룡 알처럼 들녘을 지키고 있습니다. 산천은 그대로지만 사회 모든 문화는 급속하게 변해버렸고 거기에 터전 잡은 사람들도 피부 빛도 얼굴 생김새도 달라진 이방인들이 주인이 되었습니다. 된장국 냄새 가득하고 굴뚝마다 정감 넘치는 사랑의 연기가 돌던 마을 어귀에는 카레 냄새와 국적 모를 동남아 향신료가 산자락을 휘감아 바람에 날리고 있습니다. 행복한 표정으로 반겨주는 어눌한 새댁의 애교 넘치는 마중에 그을린 신랑의 얼굴이 환하게 웃습니다.

ⓒ 김미애

숲길에 흐르는 가을날의 피날레

　낙엽이 살포시 진 고요한 숲길에는 가을이 어느 새 깊어가고 있습니다. 숲 아래 분주한 삶에 계수하지 못한 수많은 시간들이 이미 지나갔노라고 묵언의 증거를 우리에게 보여주고 있습니다. 병들고 벌레가 갉아 놓은 유난히 진홍빛을 띤 낙엽 속에 단풍잎을 한 잎을 주워 들었습니다. 왠지 내 마음 한 곳에서 떨어져 나간 분신처럼 친근함과 다정함이 이끌렸기 때문입니다. 우리는 참 이기적인 시대를 살고 있는 듯합니다. 모든 것이 나의 기준으로 찾아 보여지기 때문입니다. 이미 스러지고 말라버린 낙엽들에서 숨죽인 듯 조심스럽게 바스락 거리는 신음소리가 들린 듯하고 이미 옷을 벗어낸 나뭇가지는 저물어 가는 햇살에 붉은 빛으로 부끄러운 듯 도망도 못하고 그 자리를 지키고 있습니다. 그리고 아직 마치지 못한 마지막 숙제장을 든 소녀처럼 조급한 마음으로 지는 해를 아쉬워하고 있습니다.

　독일어권 시인이며 프라하 뮌헨 등을 삶의 터전으로 활동하며 스위스에서 말년을 보낸 시인이며 소설가였던 라이너 마리아 릴케 그가 간절히 바라는 가을의 소망을 담은 시「가을의 기도」는 절박함으로 가을날의 숙제를 마치고 싶은 간절한 인간의 갈구를 노래하고 있습니다. "주여, 때가 되었습니다. 여름은 참으로 위대했습니다. 해시계 위에 당신의 그림자를 드리우시고,/들판에는 바람을 풀어 놓아주소서./막바지 열매들을 영글게 하시고,/ 하루 이틀만 더 남국의 햇빛을 베푸시어,/영근 포도송이가 더 온전하게 무르익게 하시고,/짙은 포도주 속에 마지막 단맛이 스미게 해주소서./ (하략) 1902년 파리에서"(라이너 마리아 릴케,「가을의 기도」) 지금으로부터 무려 120년 전에 릴케라는 시인은 가을을 맞아 더 간절함으로 가을이란 계절에 합당한 열매를 맺고자 했던 것입니다. 그는 인간의 한계 위에 절대자이신 창조주 하나님께 고백합니다. "주여 때가 되었다"는 것은 세상의 모든 것의 종착역을 향한 시간의 마지막을 바라보는 것입니다. 그리고 오늘의 모습으로 이루어진 현장에서 지난 시간들의 과정에 경탄을 금하지 못하고 있습니다. 그리고 간절한 소원의 간구가 이어집니다. 지나가는 "해시계 위에 창조주의 그림자"가 계속 일해 주셔서 "마지막 열매에 깊이 스밀 내면의 맛"까지를 갈망하고 있습니다. "하루라도 이틀이라도 더 남국의 햇빛"을 구하고 있습니다. 그는 「가을의 기도」란 시 이후 25년 후 라론의 공동묘지에 장사됩니다. 거기엔 그 자신이 비문에 적으려고 지은 시가 비문으로 적혔습니다. "Rose, oh reiner Widerspruch, Lust,Niemandes Schlaf zu sein unter soviel Lidern. 갈망, 순수한 모순 오 장미, 여기 많은 눈꺼풀은 잠자는 자는 아무도 없습니다." 그는 시간이라는 도화지 위에 그려지는 세월의 수많은 흔적이 아름답고 순수한 열매라는 작품이지만 그 끝이라는 시간을 지나면서도 아직 미련의 밤을 보내고 있음을 얘기하는 듯합니다.

아무 욕심도 없이 무심하던 숲길은 오늘 오후 낯선 나그네의 방문 때문일까? 사명감인지 아님 욕망에 담긴 인간 때문인지 마지막 해시계의 카운트다운에 조급해 하고 있습니다. 오늘 저무는 오후 더 선한 열매되어 남겨지기를 원하는 소망을 품고 숲길에는 가을날의 피날레(Finale)가 울려 흐르고 있습니다.

꽃길에 불어오는 행복한 바람처럼

　흐르는 세월은 바람의 색깔을 바꿔 놓았습니다. 언덕을 넘어 골짜기를 돌아오는 선선해진 바람은 황금색으로 익어가는 가을을 그렸습니다. 햇살 아래로 불어오는 아침 바람에 메뚜기 떼 푸드덕 거리며 놀라 날아갑니다. 하얀 도포를 입은 선비 같은 한 쌍의 고결한 학이 우아하게 푸른 하늘을 가르며 산자락으로 찾아듭니다. 운동하라는 성화에 고단한 몸을 털고 산책 나선 오솔길에는 백일홍이 바람에 살랑살랑 곱게 길손이 되어 줍니다.
　꽃길 곁 시목(詩木)에 시어(詩語)가 아침의 기도가 됩니다. "이 순간에도 우리는 인생이라는 여행길 위에 있습니다. 길 위에서 많은 사람을 만나고 헤어지고 함께 걸어가기도 하고 또 멀어지기도 합니다. 즐거울 때도 있고 그로 인해 상처 받을 때도 있겠지만 오래 맘속에 담아두지 말았으면 해요 지금 우리 이 시간은 꽃길이었으면 해요. (손수진 시인「꽃길을 걸어요」전문)" 시인은 산책길을 인생길로 비유하며 노래를 했습니다. 시인의 간절한 염원처럼 이 길로 걸어가는 모든 사람의 인생길이 행복한 꽃길처럼 되길 소원해 봅니다.

백일홍 피어난 산책길에는 많은 사람들이 운동을 합니다. 홀로, 또는 친구와 부부간에, 어떤 이들은 일행들과 함께 아침 공기를 마시며 걸어갑니다. 꽃잎을 흔들며 불어오는 소슬바람 뒤로 여름이 숨어 버렸습니다. 기분 좋게 만들어주는 가을바람의 색조는 행복한 웃음입니다. 바람이란 지구의 표면과 같은 방향으로 기압의 높고 낮음을 따라 흘러가는 공기입니다. 햇볕에 공기가 데워지면 팽창하여 기압이 낮아집니다. 그때 주변의 압축되어진 고기압이 저기압 쪽으로 움직입니다. 이것이 이른바 바로 우리가 느끼는 바람입니다. 또한 이런 원리로 위와 아래로 움직이는 공기는 기류라 합니다. 또 계절마다 계절의 특성을 따라 바람이 불어오는데 이것을 계절풍이라 합니다. 움직이는 바람의 성질과 방향이 특성이 있어 우리는 바람을 통해 비가 오려고 하는지 엄청 더운 날씨가 될지 일기를 짐작하기도 합니다. 바람의 세기에 따라 이름도 달라집니다. 잘 느낄 수가 없는 아주 약한 바람으로 '실바람'이 있고 그 바람의 부는 것이 얼굴에 느껴지고 풀잎들이 흔들리면 그것을 '남실바람'이라고 합니다. 깃발이 흔들릴 정도이면 '산들바람'이라 하고 더 강해져서 나무가 흔들릴 정도가 되면 '건들바람'이라 합니다. 우리 조상들은 바람이 우리 삶에 엄청난 영향을 미치는 것을 알았기에 아주 세분해서 이름을 붙여 온 것입니다. 가을에 부는 바람도 '갈바람' '강쇠바람'이라 불렀습니다. 매서운 겨울바람을 '고추바람'이라 부르며 꽃이 피어날 때 부는 '꽃바람'이 있습니다. 방향을 따라서도 남쪽에서 불면 '마파람' 서쪽에서 불어오면 '하늬바람'이라 부르며 삶과 생활에 적용하였습니다. 그리고 바람이 불어오려는 것을 느끼면 '바람기'가 있다고 표현해서 미리 준비하였고, 치마가 흔들릴 정도면 '치맛바람'이 불어온다고 표현했습니다. 제철을 놓치고 늦은 계절에 따라오는 계절풍을 '늦바람'이라 하는데 조상들은 이런 바람을 우리 삶에 빗대어 실생활에 인용하여 쓰기도 했습니다. 고마운 바람, 그리고 무서운 바람, 살을 에던 무섭던 찬바람으로 대지가 꽁꽁 얼어붙기도 하고 부드러운 봄바람은 훈풍으로 잠자던 생명을 깨웁니다. 파릇하게 자라던 곡식과 자연 위로 땀을 닦아주던 여름 바람은 온 세상을 짙은 녹색으로 자라게 하였습니다.

가을 바람을 타고 들려오는 귀뚜라미 노래 소리에 성급한 낙엽은 바람을 타고 떨어집니다. 얼굴을 어루만져 주는 바람을 따라 일곱이 여물어가는 하룻길, 꽃길에 불어오는 행복한 바람의 친구가 되어 봅니다

고향으로 돌아오는 길

 아무 이유도 없이 특별한 용무도 없이 오랜만에 고향을 찾았습니다. 익숙한 언덕에는 어린 시절 꽁꽁 언 얼굴로 친구들과 눈밭을 뛰어 다니고 봄이 되면 진달래꽃을 따서 입에 물고 뛰놀던 산길 따라 단풍이 예쁘게 들었습니다. 한들한들 산들바람은 고향의 반가운 소식을 모아 코스모스 여린 줄기를 흔들며 오솔길을 따라 마실을 나옵니다. 이미 쌀쌀해진 바람은 아랫마을 순이의 분가루를 훔쳐 달려와 익어가던 단감의 얼굴을 붉게 물들여 놓았고 마실 나온 총각의 가슴으로 파고들더니 괜시리 뒷산 한 바퀴 돌아 억새밭에 살포시 내려앉았습니다. 흔들리는 억새꽃처럼 가을이 깊어 가면서 계절의 흐름이 가슴을 흔들며 예민하게 찾아옵니다. 그래서 마음은 사람이 그립고 하나님이 더욱 그리워지는 것입니다. 흔히 "옆구리가 시리다"고 이야기합니다. 이는 사람의 마음을 채울 따뜻함이 필요하기 때문입니다.

하나님을 믿는 성도가 아닌 일반인에게도 널리 알려진 「가을의 기도」라는 시 역시 가을에는 사람들이 그리움으로 누군가를 간절히 찾아 사모한다는 것을 노래하는 것입니다. 아버지가 목회자이셨고 독실한 크리스챤이었던 김현승 시인은 아버지 따라 수없이 이사를 했지만 광주시 양림동산을 자신의 고향이라고 생각하며 살았습니다. 그는 「가을의 기도」에서 이렇게 기도합니다. "가을에는 기도하게 하소서 낙엽들이 지는 때를 기다려 내게 주신 겸허한 모국어로 나를 채우소서 가을에는 사랑하게 하소서 오직 한 사람만을 택하게 하소서 가장 아름다운 열매를 위하여 이 비옥한 시간을 가꾸게 하소서 가을에는 호올로 있게 하소서 나의 영혼, 굽이치는 바다와 백합의 골짜기를 지나, 마른 나뭇가지 위에 다다른 까마귀 같이" 가을은 그동안의 땀과 수고의 결과와 만나고 서로의 마음을 채워줄 소중한 사람들을 만납니다. 가족을 만나고 부모님을 만나고 하나님을 만남은 그 무엇으로도 채울 수 없는 가중 중요한 것을 한 순간에 채워버리는 신비한 능력을 가지고 있습니다.

지난 11월 1일 호주판 이산가족 상봉의 극적인 장면이 전 세계 헤드라인을 장식하였습니다. "이제는 다시 헤어지지 말고 같이 살자" 코로나19로 자국민까지도 입국을 금지한 호주가 백신을 접종한 자기 나라 국민에 한하여 입국을 승인한 것입니다. 이는 무려 작년 3월 코로나의 전염병으로 인한 봉쇄조치 후 600일 만에 일어난 일입니다. 무려 20개월 만에 해외로 나갔던 국민들이 들어오도록 그것도 철저하게 백신 접종한 사람에 한하여 문을 열어준 것입니다. 시드니 공항은 그야말로 눈물바다가 되었습니다. 다시 고향으로 돌아갈 수 있다는 기쁨을 가진 사람들과 사랑하는 사람들을 만난 사람들의 감격의 현장이었기 때문입니다. 그리움이란 동·서양의 인종이나 문화를 초월한 공통 감정을 가지고 있으며 만남이란 어느 것과 비교할 수 없는 가장 행복한 비밀입니다.

우리는 가끔 낡은 일기장을 뒤적이며 추억 속의 그리운 사람들을 소환해냅니다. 조금만 신경 쓰면 가까이서 만날 만한 사람도 있고 다시는 만날 수 없는 대상도 있지만 이미 마음속에 허전함은 눈가를 얼얼하게 합니다. 녹슨 대문을 열고 잎이 떨어져 내린 감나무사이의 오후의 햇빛이 머문 툇마루에 앉아봅니다. 그리운 어머니 생각에 고향집에 앉아 지난 밤 꿈 속에 만난 어머니를 그리며 내 마음 채울 사모곡을 불러봅니다. "그리운 어머니//오솔길을 돌아/내 달려온 고향집 툇마루에/어린 시절 코흘리개가 앉아 있습니다//귀마개 고무줄 자국 난/얼어 붉어진 얼굴 위로/까만 눈동자가 반짝이며 빛납니다//송진 덜 마른/붉은 통나무 골라/빙글 돌려 솜씨 내어 팽이를 깎습니다//야속한 해는 벌써 지려 하는데/아궁이 앞 수건 쓴 어머니 미소에/가마솥 고구마가 맛있게 익어갑니다//어머님이 보내주신/꿈 속의 나의 고향은/오늘 밤 행복한 선물 보따리입니다."

내 마음 갈 곳을 잃어

　마치 동남아의 한 계절에 들어와 있는 듯 뜨겁게 느껴지는 햇살 사이로 슬그머니 다가와 폭격을 하고 지나가는 폭격기의 흔적처럼 하루에도 몇 차례 비가 내리는 계절입니다. 금방이라도 터질 것 같던 폭염도 어느 새 저만치 달아나 버리고 들녘의 논길에는 사열하듯 벼 이삭이 고개를 숙여 풍요에 대한 예의를 다하고 있습니다.
　민족의 명절이 다가왔지만 여전히 전염병의 공포는 발목을 묶어 망설이게 합니다. 우리 속담에 사람이란 마음먹기에 달렸다는 말이 있는데 더듬이를 떼인 풍뎅이처럼 지금의 우리는 왠지 마음이 방향감각을 잃어버리고 빙글빙글 돌고만 있는 것 같습니다.
　힘이 없거나 있어도 한 곳으로 모아지지 않으면 아무것도 움직이지 못합니다. 그래서 모든 동력의 단어에는 체력·전력·동력·실력·군사력·경제력 등 힘력(力)자가 붙어 있습니다. 모든 힘을 발하는 것들에 의해 자동차도 움직이고 사회단체가 돌아갑니다. 그런데 이런 모든 힘의 원동력은 마음에서 나오는 힘입니다. 마음이 힘을 잃으면 다른 어떤 것이 뛰어난 힘을 가졌다 해도 갈피를 못 잡고 방황하고 결국 무력해집니다.

세계적인 외줄타기의 명인 '왈란다'라는 사람이 있습니다. 그는 60년 동안 사고 한 번, 실수 한 번 하지 않은 전 세계 최고의 실력자였습니다. 특히 그는 공연 때마다 줄 밑에 안전망을 설치 않고 줄을 건너기에 모든 사람들이 같이 긴장하고 흥분하는 공연을 했습니다. 그런데 75세가 되던 해 푸에르토리코에서 그는 그만 줄에서 떨어져 사망하였습니다. 사람들은 그날의 기후 습도나 바람이나 주변 환경에서 그 이유를 찾아보려 했습니다. 그러나 그의 부인이 그 사건의 결정적 단서를 제공합니다. 남편은 언제나 자신감이 넘쳐서 여유를 가지고 공연 날을 기다렸는데 이번 공연을 앞두고는 몇 달 전부터 불안해하기 시작했다는 것입니다. 이런저런 걱정 그리고 잃어버린 자신감으로 더구나 공연 당일 아침에도 몹시 불안해하며 나갔다는 것입니다." 이런 심리를 연구하여 미국 스텐포드대학 연구진들은 '왈렌다 효과'라는 학설을 만들어 발표했습니다. 사람이 그 마음에 강한 압박을 가지면 그의 모든 균형 감각과 판단력을 잃고 재능과 힘을 제대로 발휘하지 못한다는 것입니다. 그는 그날 공연을 염려하고 자신감을 잃어버린 채

불안한 마음으로 임했기에 사고가 난 것으로 이해하는 것입니다.

　마음에서 나오는 영향력은 너무나 중요합니다. 눈에 보이지 않지만 마음은 모든 것의 원동력이 되기 때문입니다. 사람의 마음에는 질감이 있습니다. 비단처럼 부드럽기도 하고 거칠고 가시 돋친 마음도 있습니다. 따뜻하고 포근한 마음이 있는 반면 차갑고 냉랭한 마음도 존재합니다. 좁은 마음도 넓은 마음도, 지친 마음도 생기 넘치는 마음도, 굳게 닫힌 빗장 걸린 마음도 있고 모든 것을 포용하는 열린 마음도 있습니다. 명절을 통해 고향을 찾고 가족을 만나서 마음이 치료되고 마음에 쉼을 얻는 계절에 사회적 거리두기로 인하여 우리 마음이 갈 곳을 잃어 방황하고 있습니다. 그러나 우리 마음의 운전대를 성령님께 의지하여 위로와 힘을 얻기를 원합니다. 술주정뱅이가 운전하는 자동차는 위험하지만 베스트 드라이버인 운전자가 그리고 사랑하는 자가 운전하는 자동차는 안전하고 평안합니다. 우리 마음의 운전대를 베테랑께 맡겨 안전하고 행복한 인생이 되기를 기대합니다. 부정적이고 무서운 마음을 소유하여 상하고 지치고 방향을 잃어버리기 쉬운 시대에, 사랑으로 가득한 기관차에 우리 마음을 연결하여 감사와 기쁨으로 우리 마음을 새롭게 달려 나가야 합니다. 다시 힘차게 끓어오르는 열정의 마음으로 소망의 눈을 떠서 풍요로운 계절, 행복한 마음이 달리는 가을 열차에 오르시길 바랍니다.

다시 데리러 오겠습니다

 여름을 마무리하고 무더위를 씻어 내리려는 듯 태풍의 꼬리를 잡고 내리는 비가 인천국제공항 하늘에 눈물처럼 내렸습니다. 거기엔 낯선 391명의 이방인들이 지친 모습으로 입국장을 통해 우리나라로 들어왔습니다. 그들의 얼굴은 잔뜩 긴장된 모습이었습니다. 무사히 탈출에 성공했다는 안도감보다도 공포와 두려움과 얼굴로 지치고 피곤한 걸음이었습니다. 갑작스런 미군의 철수로 인해 아프카니스탄의 텔레반 세력은 정부군들을 향해 공격을 가하면서 순식간에 아프카니스탄의 정부는 텔레반의 손에 붕괴되어 버린 것입니다. 그리고 온 나라가 아수라장이 되고 텔레반들의 보복과 학살은 무섭게 자행되었습니다. 그 생사의 사선을 넘어 우리 대한민국에 협력한 협력자들을 무사히 탈출시킨 것입니다. 그날의 신문 1면 헤드라인 기사에는 주 아프카니스탄 공사의 참사관이 한 아프카니스탄인과 서로 얼싸 안고 감회의 눈물을 흘리는 장면의 사진과 "다시 데리러 오겠다"는 약속을 이루었다는 뉴스였습니다. 그는 긴박한 상황에서 먼저 자신의 옷도 못 챙기고 가방 하나 들고 급히 그 땅을 나왔습니다. 떠나면서 그들에게 안전한 장소로 이동해 있으라 지시하고 다시 데리러 오겠다고 약속을 하면서 먼저 탈출하였습니다. 그는 카타르에 있으면서 협력자 철수를 위해 철저히 준비합니다. 그리고 그들을 구출하기 위한 선발대를 이끌고 다시 카불 공항으로 돌아갔습니다. 더욱 포악해진 텔레반의 위협과 무자비한 방해가 자행되었습니다. 강대국인 미국이나 다른 나라도 속수무책으로 발만 동동 구르고 있는 그 어려운 자리를 향한 것입니다. 그 죽음의 현장에서 그는 약속한 대로 협력자 391명을 데리고 대한민국으로 들어온 것입니다. 물론 여기에는 대한민국이 자랑하는 최고의 특공대 요원들과 정부의 절대적인 지휘와 우방국들의 협조가 있었습니다. 작전명은 '미라클(Miracle)'.

그러나 무엇보다 그들을 잊지 않고 다시 그 죽음의 자리로 찾아가 그들을 데리고 돌아온 한 외교관의 사랑과 그 약속을 믿고 기다린 사람들의 이야기는 대대로 회자되고 기억될 사건임에 분명합니다. 이 사건은 사랑과 약속이 낳은 기적입니다.

이 세상의 모든 자연과 사회의 질서는 약속입니다. 메카니즘은 자연 만물에도 쉼 없이 진행됩니다. 저녁이 되면 아침이 오고, 겨울이 지나면 봄이 오고, 봄이 지나면 여름이 오면서 건강하게 풍성하게 자라나 성숙하게 합니다. 결실의 계절 풍요로운 가을, 그리고 포근하고 쉼 속에 안아주는 겨울은 자연계의 변함없는 약속입니다. 생물도 마찬가지 씨앗을 뿌리면 열매를 거두게 합니다. 그러므로 농부는 그 수고로움 속에서도 행복하고 기대하며 땀을 흘리는 것입니다. 약속이란 단어는 約(맺을 약), 束(묶을 속) 일을 단단히 묶어주고 관계를 맺어주는 힘입니다. 우리가 살아가는 사회의 모든 제도 법도 약속입니다. 행사와 만남도 시간과 장소를 정합니다. 또한 사람 간에, 예컨대 남녀가 사랑의 약속을 하듯이 약속을 믿기에 서로 신뢰하고 소망가운데 기다립니다. 휴가철이 지나면 여기저기 유기견들이 많이 발견됩니다. 그 유기견들은 한결같이 자신을 버린 주인을 기다립니다. 주인과 헤어진 자리를 떠나지 못합니다. 이유는 주인이 마지막으로 남긴 한마디, "기다려……."라고 한 약속을 믿고 그 자리에서 오로지 자신을 버린 주인을 처절하게 기다립니다.

 가을이 무르익어 갑니다. 약속은 소망이며 설렘과 기대로 오늘을 살게 하는 원동력입니다. 다시 오시겠다 약속하신 예수님의 재림을 기억하며 약속을 생각하며 다시 하늘을 향하여 일어납니다.

222 _ 꽃비 내리는 창가에 서서

익어가는 가을날의 품격(品格)

　저물어 가는 가을날의 오후 햇살이 들어온 창문에 노란 은행나뭇잎이 반사되어 포근함을 느끼게 하는 시간입니다. 모처럼 휴대폰을 열어 좀 고전적인 클래식을 들어 봅니다. 세계적인 테너들이 부르는 명곡이 흘러나오며 펼쳐진 가을 하늘은 한결 고결한 모습으로 어울립니다. 음악을 들으면서 고상해진 내 모습을 누려 봅니다.
　일상의 모든 사물과 현장치고 소중하지 아니한 것이 없지만 때론 평범하지만 고상하고 세련된 모습을 찾을 때가 있습니다. 우리는 이런 것을 품격이라는 단어로 부르기도 합니다. 모든 만물에는 그에 어울리는 품격이 있습니다. 품위를 소중히 여긴 서구 사람들은 '품위'를 'dignity'라는 단어로 자존감과 위엄을 지닌 품격이라고 말합니다. 우리는 주변에서 존경하던 어떤 분들이 정치에 뛰어들고 세상욕심에 치우치면서 그에게 나타났던 소중한 품격을 상실한 초라한 모습을 보며 온 사회와 지인들까지 실망하는 일을 종종 봅니다. 아집이 드러나고 천한 언어들로 채워져가는 모습에 하루아침에 그들의 품격은 낮은 가치로 추락합니다. 이 세상에 모든 것에는 그것에 합당한 수준인 격(格)이 있습니다. 그래서 그 수준에 맞는 기준을 정한 것을 규격(規格)이라 합니다. 그리고 그 격에 맞도록 준비되면 합격(合格)이라 인정해 줍니다. 그것에 대한 가치를 매기는 것이 가격(價格)입니다. 만물과 인생에서 그 위치에 어울리는 격을 지키는 것은 너무나 중요합니다. 대통령은 대통령에 맞는 격(格)이 있듯이 모든 만물과 인생사에도 격이 있습니다. 사람은 짐승이나 다른 피조물과 다른 수준의 성품인 사람다운 인격(人格)을 소유하고 있습니다. 그래서 성숙한 품성과 인격을 가진 인생은 품격(品格)이 드러난 멋진 모습입니다. 우리는 사실 연약한 죄인이지만 하나님의 은혜로 우리의 격이 상승되어 격상(格上)되었습니다. 그러므로 그 품격에 따라 대우와 가치가 달라진 것입니다. 아름다운 우리말 중에 '답다'는 말은 합당하는 뜻을 가졌다는 것을 인정하는 말입니다. 어른의 수준에 오른 인생을 '어른답다'고 표현합니다. 예컨대 그 모습이 참 '아름답다' '사나이답다' '여성스럽다' '사람다운 삶' '신자답다' 등으로 표현합니다. 그것은 가장 중요한 본질에 도달했다는 말이기에 칭찬이기도 하고 인정하기도 한 것입니다.

'제임스 A. 프로우드'라는 분은 그의 저서에서 "인격은 택배처럼 어느 날 집 앞에 도착하는 것이 아니라 자신을 연단하고 담금질하여 단단히 쌓인다"고 했습니다. 인내를 가지고 갈고 닦아야 훌륭한 품격이 만들어지는 것입니다. 그래서 정체성과 본질에 도달하여야 하는 것이며 그 '다움'을 회복하여 아름다울 때 행복하다고 말할 수 있을 것입니다. 이는 정체성에 대한 성찰입니다. 소금은 요리에 없어서는 안 되며 설탕은 음식을 달콤하게 하는 데 큰 역할을 합니다. 소금과 설탕이 겉보기에 아무리 비슷해도 설탕은 설탕, 소금은 언제나 소금이기에 존귀합니다. 존경을 받는 사람에게는 품격으로 사람들에게 호감이 가는 끌리는 힘이 있습니다. 어떤 글을 보니 "꽃의 향기는 십 리까지 퍼지고 인격의 향내는 만 리까지 알려진다"고 합니다. 저물어가는 가을 햇살에 익어가는 자연의 품격에 어울리도록 내 인생의 품격을 마음의 저울에 올려봅니다.

어머니의 감나무

　가을빛 색동물결 고운 단풍이 산자락을 따라 진홍의 물감이 되어 흘러내리고 가을 향기를 품은 저무는 햇살은 그림자를 늘리어 고향집 울타리에 머물렀습니다. 만산홍엽(滿山紅葉)이라 더니 산마다 가득한 단풍과 그곳을 찾은 관광객들의 울긋불긋한 복장은 그야말로 산을 더욱 불타게 만들어 만산홍인(滿山紅人)이 된 것 같습니다. 때 맞춰 계절의 꽃인 국화를 테마로 여기 저기 열리는 국화향기 가득한 현장에도 역시 인산인해를 이루고 있습니다. 축제행사장에 가면 수많은 군중 가운데 유독 어르신들이 많이 나오십니다. 백세인생이라더니 노인의 인구가 늘었기도 하겠지만 부모님을 모신 자녀들의 조근조근 손을 잡아 챙겨내는 사랑의 모습이 국화향기보다 더 진하게 풍겨납니다.

부럽고 아쉬운 마음에 내친 김에 오랫동안 찾지 못한 어머니가 사시던 고향집을 찾아갔습니다. 마을 앞 커다란 나무 밑에는 객지에 살던 아들을 배웅하고 돌아서는 이웃집 친숙하던 노모의 얼굴이 저무는 석양빛에 더욱 쓸쓸하게 붉어집니다. 금방이라도 부르면 대답하실 것 같은 고향집, 어머니가 늘 앉아 계시던 텃밭에도 어느새 가을이 내려 앉아 있습니다. 텃밭 뒤 대나무 언덕아래 어머니가 심어 놓으신 감나무가 세 그루 서 있습니다. 늘 소화가 안 되고 잘 체하시기에 감을 좋아하시지도 않으셨던 어머니께서 자식들이 감을 좋아한다며 심어 놓으셨던 그 나무에 붉게 감이 익어 있습니다. 아무도 안 계신 고향집, 주인 떠난 텃밭에는 이웃집 어르신이 빈집 돌보는 마음으로 가득 심어 놓은 각종 채소들이 싱싱하고 실하게 자라 덩그러이 반겨줍니다. 어머니가 심어 놓으신 것 같이 파릇파릇 싱싱한 채소를 보니 지금 집에 어머니가 계신 것 같은 착각이 들었습니다. 몇 년 전 몸이 불편 하실 때 어머니께서 전화로 부탁을 하셨습니다. 혹시 어디에 맛있는 감나무 묘목 파는 곳 있다면 제일 좋은 것으로 몇 그루를 사오라고 하셨습니다. 그리고 정성껏 뒷밭에 심으시던 어머님께서 "난중에 나 없어도 느그들 집에 오면 따먹으라고 여긋따 심은께." 하시던 말씀이 생각났습니다. 이미 손이 닿는 곳은 누군가가 이미 따 가 버렸고 윗가지에 몇 개 남은 열매가 나를 기다리고 있는 것 같았습니다. 어머니가 아들에게도 주시려고 좋은 것 몇 개 지켜 남겨 놓으신 귀한 사랑이라고 생각하니 눈물이 왈칵 솟았습니다.

가을은 우리에게 마지막 사랑을 남기는 방법을 가르쳐 줍니다. 나무는 위대한 스승과 같습니다. 겨우내 모진 찬바람과 눈보라를 이기고 굳건히 자리를 지킨 정절의 기품을 보이고, 앙상한 가지 위에 봄바람이 불어오고 연하디 연하게 움텄던 작은 잎 새는 희망의 노래를 부르며 생명을 퍼 올렸습니다. 작열하는 태양 아래 의연한 자태로 열매를 키워오며 품위를 지켜온 위대한 사명은 마지막 붉게 물든 단풍으로 아름답게 마무리합니다. 가지마다 가득 열린 깊은 단맛과 멋진 빛깔은 인고의 승리를 보여주는 듯합니다. 앙상한 가지에 입혀졌던 옷들이 가을빛 단풍 옷으로 갈아입고 마지막 까지 흩어지지 않는 아름다움을 보여 주었습니다.

그리고 끝없는 희생과 사랑은 미련 없이 떨어져 낙엽이 되고 뿌리를 덮는 이불과 거름이 되었습니다. 어머니의 감나무 앞에 서서 자연의 엄숙한 법칙처럼 끝까지 아름다운 마음을 새겨두신 그 어머님의 사랑을 안고 일어서는 자식의 손에 들린 감에는 어머니가 아직도 살아 계십니다.

행복이
피어오르는
고향

나에게 묻는다

식어가는 거친 흙담에
붉은 담쟁이가
가을과 작별을 고한다

심장 깊은 곳
진홍의 고백을 퍼 올려
검고 붉어진 빛깔로

사랑 했노라 떠날 수 없어
마지막 힘을 쏟아
담벼락의 가슴을 붙들었다

나에게 묻는다
나의 마지막 색깔은
어떤 빛으로 물들어 가고 있을까?

겨울 비

성기지 않아
눈송이로 피어나지 못한 채
빗물 되어 흐르다가
여린 소년의 눈물이 되어
마지막 남은 시간 위로 멈추어 선다

아쉬운 설움은
보석방울로 커지고
남은 체온
몸부림치는 열정에
수증기 되어 하얗게 피어오르다
허공에 한 송이 작은 꽃 그려 놓았다

지난 봄
봉우리 지며 일어서다가
피어나지 못했던 꽃샘 칼바람
눈 덮혔던 아픈 추억 때문에
눈물 묻은 얼굴은 붉게 물든다.

꿈 속의 고향

모락모락 정겹게.
어머니가 피워 올린
환영의 손짓
고향 집 굴뚝엔
하얀 연기가 피어오른다

내일은 명절날
저물어 가는 석양을 붙들고
그리운 가슴
손으로 누르고
고향집 꿈을 꾸며 마음을 달랜다.

둥지

볼 비벼
여린 적신 안아 품으며

벌거벗은 수치들
깃털 뽑아 가리어 덮고

입 벌린 허기
심장 떼어 채워준 사랑

둥지 떠나 건너 온 세월

세파에 쫓기고
태풍에 곤두박질 당해
주름진 군상들

단풍도
하늘도 가슴까지
상기된 가을날 오후

붉은 체온 익숙한 둥지로
그리움이 모여 깃든다

자리 비워 기다려 준
넓은 어깨에 기대어
평안한 군내음에 젖어
깊은 잠에 빠진다.

ⓒ 이성은

ⓒ 허은자

심동지(池)의 아침

칠흑처럼
어둠이 내리고
밤새 불어오던
샛바람*은
지치고 시린 호수를
무겁게 얼려 놓았습니다

잠 못 이룬
청둥오리가 쉰 목소리로
가족들 챙겨 부를 때
정월의 햇귀*가
호수 가득 희망을 채워 주었습니다

주인 떠난
덩그런 외로운 뱃 전에도
가득가득 부어 주면서.

＊샛바람 : 어부들이 말하는 동풍
＊햇귀 : 사방으로 퍼지는 햇살

갈매기 노래 부르고
-호미곶 일출

칠흑 같은 해풍을 짊어진
고단한 나그네의 지친 멍에 위로
겨울비가 살짝 내렸습니다

마치 고결하고
엄숙한 예식을 준비하는 긴장감처럼
찬바람은 깊은 바다를 흔들어
아침을 깨우며 서두릅니다

지난 밤 동해의 물 깊은 바다 속에
감추고 묻어 놓은 검붉은 심장이
동창을 열고 기지개를 켜며 일어납니다

갈매기의 쉰 노래 소리에
겨울비 걷힌 호미곶의 아침은
여전한 미소를 품은 어머니의 포근한 품이 되어
나그네를 맞아 줍니다.

대왕암에 기대어

몽글게 모아 들고
거세게 달려온 임을 향한 열정은
거친 바위를 안고 멈췄습니다

뛰는 심장으로 호호 불며
소맷단으로 닦아주고
거칠어진 얼굴에 입을 맞춘 사랑은
먼지 한 톨까지 날려 버렸습니다

그저 말없이 흐르는 눈물만
삭은 바위를 타고 흐르고
어색한 사랑의 고백은
꽃 한송이 피워 놓았습니다

야속한 겨울 바람은
움켜 잡은 고백을 시샘하고
하얀 햇살 한줄기
포대기 되어 내려 앉았습니다

외로움

첫 눈이
내려옵니다

소식 나눌 이 없는 외로움

사진으로 찍어
내게로
보내었습니다.

눈

하염없이
하얀 눈이
펑펑 내려옵니다

동심의 창고문 열어
추억 한 웅큼
바람자루에 담아다 부으며

열린 봉창
녹슨 마음 창가로
하얗게 가득 쌓였습니다.

청춘

꽃향기 품어
가득 채워준 행복한 체취

어느 새
저 멀리 흘러 갔건만

중독된 그리움
흔들리는 잎새 되어

마음 한켠
눈물 알맹이로 가지를 지킨다.

섣달의 둥지

서둘며 달리던 분주한 영혼
지치고 찢긴 상처 난 마음 보듬고
행여 짧아진 석양빛 길 잃지 말라
보름달 등불 켜서 마중 나왔네

에이는 바람은 댓잎을 흔들고
군불지핀 둥지엔 온기가 퍼진다
먼저 돌아 온 동지들의 무용담 수다에
숲 속의 하루는 곱게 저물어가네

엄마 품에 안긴 털복숭이 아기 새들
반가워 보채던 새빨개진 얼굴엔
별나라 꿈 이야기 전설처럼 흐르고
어미 새 자장가에 벌써 잠이 들어버렸네.

설날

덜 깬 눈 비비며
입김 내 뿜는
모닷간 굴뚝엔
하얀 기둥이 오르고

수건 모자 둘러 싼
아랫마을 큰 고모는
찰진 가래떡 빼서
조카 몫 챙겨
대문 앞에 걸었다

창호지 울리던
송곳 바람은
하얀 눈이 내리는
처마 밑으로
새해 햇살을 맞는다.

겨울로 향하는 이정표

흩어진
시간의 조각을 모아안고
흘러가는 세월의 강물은
겨울 바다로 향하고

지친 산줄기를 타고
떠나는 가을은
붉은 눈물 되어 흐른다

서리 내린 산허리
감싸 안은 고운 햇살은
젖은 가슴을 열어
모락모락 안개꽃을 피운다

붉어진 잎새 흔들며
불어오는 바람은
마음 문 틈새를 열고
매섭게 파고 들어오고

오늘 겨울 초입에
떠나는 나그네 길에 서서
인생의
이정표 확인하고서

나도 붉어져
시린 마음에 군불을 지펴
따뜻한 커피 한잔 끓인다.

난로 곁으로

꽃샘추위가 맵다
코끝이 붉어지고
몸도 움츠러 들었다

성큼
내 딛던 발이
긴장하며 조심스럽다

저기 저 만치
장작 핀 난로가
나를 부른다

난로 곁에
잠시 놀란 가슴을 녹인다.

원 웨이 티켓(ONE Way Ticket)

안개가 걷히면서 밝아오며 드러내는 숲 속의 작은 개울가에 물소리가 들려옵니다. 제법 시냇물 흉내를 내며 도랑을 타고 흘러가는 시원스런 물줄기는 이슬을 모은 듯 맑은 소리에 어울리게 반짝이며 흘러갑니다. 기나긴 가뭄으로 수원지마다 바닥이 드러나고 도서 지방은 식수마저 위기를 맞았습니다. 방송 공익광고에 물 절약 캠페인이 등장할 정도로 생활용수뿐 아니라 농업용수 또한 비상 상태가 되었습니다. 농부들은 흙에다 심어 놓은 씨앗에 싹을 돋아나라 기원하면서 심어 놓은 모종이 뿌리를 내리길 소원하며 아끼던 물을 주며 하늘의 단비를 고대하였습니다. 송화(松花)가 먼지처럼 날리고 벽오동과 이팝나무의 꽃가루가 가득 쌓인 대지 위로 비구름으로 커튼처럼 드리우며 하늘이 어두워지더니 마치 무대의 막이 오르는 것처럼 단비로 하루의 문이 열렸습니다. 이렇듯 한 순간 모두에게 반가움과 기쁨과 위로를 주는 한 줄기의 단비처럼 살아가는 인생이라면 얼마나 가치 있을까? 5일간 내린 단비는 제한 급수 체제로 들어간 완도군이 1년 2개월 만에 제한급수를 해제하게 할 정도로 크나큰 선물이었습니다. 자연은 가장 준엄한 교훈을 가르쳐주는 스승입니다.

몇 달 전 익산에서 공원을 조성하다가 백제 유적지를 발견하여 조사해보니 1,400년 전 서동왕자 때 냉장고가 있었다는 보도가 있었습니다. 아직 연구가 계속 되기는 하지만 분명 시원하게 음식을 보관하고 실생활에 적용한 흔적입니다. 3,000년 전 솔로몬이 기록한 성서 잠언에 보면 "충성 된 사자는 그를 보낸 이에게 마치 추수하는 날에 얼음 냉수 같아서 능히 그 주인의 마음을 시원하게 하느니라"(잠25:13) 기록되어 있습니다. 성서 고고학을 연구하는 분들에 의하면 그 당시 얼음을 만들거나 저장하는 기술이 있었을 것으로 추정합니다. 더운 여름 추수 때에 왕의 마음을 시원하게 해줄 얼음 냉수 같은 신하를 기대한 것입니다.

어떤 분의 칼럼에 보니 자신이 목회를 시작하던 처음 설교가 어떤 것이었다고 정확히 기억하며 적었습니다. 대단한 기억입니다. 그러나 목회의 마지막 강단의 설교를 무엇을 할 것인가? 하고 질문을 한다면 많은 고민을 하게 될 것입니다. 아마 "모두 다 은혜입니다."라든지 아니면 "좀 더 잘 할 건데 후회만 남습니다."라고 하지 않을까 하는 제목이 머리에 스칩니다. 나의 생이 마치

얼음 냉수나 가뭄에 단비 같은 그런 누구에게인가 의미가 되었던 삶이었을까? 노벨 문학상을 탄 영국의 극작가 겸 소설가인 버나드쇼는 그의 작품들 못지않게 그의 묘비에 적힌 글이 유명합니다. "우물쭈물하다 내 이럴 줄 알았지!" 이 짧은 말 속에는 우리 생이 "원 웨이 선교사들"이라는 생각이 듭니다. 한 번 떠나면 다시 돌아오지 못하는 인생길을 살아가기 때문입니다. 원 웨이 선교사로 남태평양 뉴헤브리디스로 선교를 떠났던 밀른(A. W. Milne)도 관을 준비해서 마지막 길을 달려갔지만 그는 죽지 않고 35년 동안 원주민들의 영적 지도자로 사명을 마치고 죽었습니다. 그가 죽었을 때 원주민들은 마을 중앙에 그의 묘와 비를 세웠습니다. 그리고 이런 비문을 적었습니다. "그가 이곳에 왔을 때는 여긴 빛이 없었습니다. 그가 떠났을 때 이제 어둠이 없어졌습니다."(Mark Batterson, All In, 16~17) '보니엠(Boney. M)'이란 가수가 불렀던 "원 웨이 티켓(ONE Way Ticket)"을 가사도 뜻도 모르고 부르던 학창 시절, 이제 정말 결승점이 저만치 가까워져 가는 인생길에서 빗물처럼 흘러가는 시간과 잠시 뿐인 수많은 만남들 위에 의미 있고 감동을 주는 단비와 같고 얼음 냉수와 같은 시간으로 흘러가고 싶습니다.

인생의 조각 천을 색동옷으로

　며칠 째 쌓인 눈 사이로 흐르는 계곡 물은 오후 햇살을 맞아 하얀 수증기를 내 품으며 신비함을 더하고 있습니다. 녹기 시작한 자리에는 군데군데 얼굴을 내밀어 설국에서 돌아온 손님처럼 오랜만이라는 인사를 하는 듯 원래의 모습을 보여줍니다. 몇 년 만에 성탄절을 전후하여 큰 눈이 전국적으로 내렸습니다. 젊은이들은 화이트 크리스마스를 노래하며 좋아합니다. 그렇지만 폭설로 도로들이 빙판이 되고 교통의 흐름이 마비되고 강추위가 몰려와 많은 사람들은 위축 되었습니다. 낭만과 기분 그리고 무거운 현실과 사람의 현장은 늘 부딪히는 요소들이 많습니다.
　지난 성탄절 이브 눈에 덮여 길이 꽁꽁 얼어버린 성탄절 밤에 천사와 천군들이 양을 치던 목자들에게 찾아와 아기 예수의 탄생을 알리면서 "지극히 높은 곳에서는 하나님께 영광이요. 땅에서는 기뻐하심을 입은 사람들 중에 평화로다."라며 찬양했던 것처럼 성탄절 이브가 되면 교회마다 성탄절 밤 축하예배가 열립니다.

금년에도 각 기관들이 아기 예수님 생신을 맞아 최대한 예의를 갖춰 동방 박사들처럼 경배와 예물을 드리며 하나님께 영광 돌리는 찬양의 밤을 열었습니다. 프로그램 중에 유년주일학교 학생들이 펼친 카드섹션은 온 교인들의 가슴을 뭉클하게 하는 것이었습니다. 카드섹션은 지난 학창시절을 추억하게 하였습니다. 그때는 전국체육대회 같은 국가적인 행사가 지역에서 열리면 당연히 지역 고등학생들이 동원되어 몇 달간 카드섹션 및 단체 체조 등 여러 가지 식전행사를 준비하였습니다. 요즘 같으면 학부모들이 당장 항의할 일들입니다만 그때에는 그 행사의 일원이 된 것에 은근히 자부심과 긍지도 누렸습니다. 카드섹션의 주요 주제는 국민의례 시 태극기를 보여주고 애국가를 부를 때는 무궁화, 대통령의 연설시간은 대통령의 얼굴 등 보통 50~100가지 그림을 응용하여 움직이는 그림과 글씨 등을 보여주는 내용으로 아주 정교한 연습이 필요하였습니다. 물론 수많은 실수와 자리에 오랫동안 앉아서 연습을 하고 실제 공연도 해야 하기에 생리적 현상으로 보통 어려운 것이 아닙니다. 그러나 완성된 카드 섹션을 촬영하여 우리에게 보여준 사진을 보면서 그 사진 속에 내가 들고 있는 카드와 위치가 내 눈에는 보일 정도를 성취감을 누리기도 하였습니다. 이번 주일학생들이 보여준 카드 섹션은 21명이 42개의 카드를 통해 구현해 내는 소규모였지만 큰 감동과 메시지가 있었습니다. 우리는 너무나 소중한 사회 속의 질서와 규범, 그리고 약속을 지킴으로 아름다운 결과물을 만들어내는 소중한 경험을 하는 벅찬 시간이었습니다.

우리는 한 조각의 소중함을 알았습니다. 나 한사람의 소중한 역할이 전체 그림을 만든다는 책임감과 한 조각이라도 소홀히 할 수 없는 긴장함으로 서로 높이를 맞추고 순서와 신호를 따라 협력하는 절실한 경험을 했습니다. 개인은 한 나무 같지만 합하여 모여서 큰 숲을 이루어 가는 것 같이 나라고 하는 구성원이 가지는 사회의 공동체의 책임에 숙연해지기도 하였습니다. 이번 카드 섹션의 출연자들이 맛 본 기쁨도 중요했지만 관람하던 사람들이 받은 감동은 더 많은 깨달음을 주는 공부 시간이었습니다.

우리는 지금도 흩어진 작은 조각 천을 모아 밥상보를 만들고 여러 가지 색들을 이어 색동옷을 지었던 조상들처럼 시간과 삶의 한 조각 한 조각, 인생의 흔적들을 모아서 나라는 조각보를 만드는 예술 공연자가 아닐까? 떨어져 흩어진 조각천을 모아봅니다.

단풍(丹楓)보다 더 아름다운 낙엽(落葉)

　밤새 세차게 비를 뿌리며 대나무 숲으로 불어온 바람은 동구 밖 단풍나무 숲길을 낙엽으로 양탄자처럼 수를 놓았습니다. 입가에 올라오는 증기는 맑아진 아침 공기를 가르며 피어납니다. 마치 행사에 맞추어 분주하게 갈아입었던 유니폼을 벗어버린 자유처럼 숲속의 가지마다 평안함의 자유가 가득합니다. 무겁고 거추장스런 각종 장신구들도 풀어내고 얼굴에 그려놓았던 화장을 지운 여인처럼 지난 세월을 달려오며 긴장함이 해제가 된 시간입니다. 민낯의 나로 돌아와 편하게 던져진 마음에는 숨겨진 노래가 흘러나옵니다.

　차가운 봄 얼어있던 가지에게 희망의 문을 열어 피어준 새싹은 녹색 잎으로 무성하여 포근한 옷이 되어주었습니다. 여린 잎새는 비바람을 막아주는 강한 울타리가 되었고, 누구든지 깃들어 휴식할 그늘을 제공하며 풍요로운 가을 열매를 준비해 주었습니다. 냉정한 가을바람은 그 잎마저 떠나보내려 그동안 전투복 같은 유니폼을 벗겨놓고 이제 자신의 아름다움을 단풍으로 갈아입혔습니다. 언제나처럼 푸른 옷만 입고 사는 줄로 생각되었지만 그 속에는 자신의 내면을 드러내는 각양의 색들로, 은행나무는 황금빛 가슴을 내보였고, 붉어진 잎사귀와 주홍의 각 색의 단풍에 신비한 그의 본연의 심장이 숨어 있습니다. 찬바람이 불며 태양의 빛이 줄어 들면서 그동안 열심히 살아왔던 광합성이 약해집니다. 푸른 엽록소 옷을 벗고 보니 그 화려한 색소들이 황홀하게 단풍되어 나타납니다. 녹색의 아름다움도 고결하고 멋진 모습이지만 단풍이 말하는 소중한 메시지는 본질의 고백입니다.

  점점 시대가 관심을 가지는 것이 황혼에 대한 것입니다. 인생은 60부터라는 말은 이미 옛말이 되었습니다. 관리만 잘하면 100세 인생이라 하는 시대입니다. 그래서 60은 중년에 해당되고 새로운 도약을 위한 참 자신을 만나는 시간이라고도 합니다. 그동안 남편으로부터, 가사로부터 자유롭지 못하고 삶과 직장, 생업으로부터 자유롭지 못한 시간을 마치고 그동안 꿈꾸던 제2의 인생을 준비하고 살아가는 모습들이 종종 소개됩니다. 그들은 한결같이 행복하고 아름답게 소중한 꿈을 멋지게 펼쳐가는 모습입니다. 어떤 이는 그림을 그리고 또는 산에 들어가 자유인이 되기도 하고 글을 써서 문학 소년이 되어 마음의 소원도 이루어 갑니다. 그러면

서 가족과 인생을 위한 헌신의 삶에서 얻었던 보람과 행복 못지않게 멋지게 피어나는 인생을 만들어갑니다. 거기엔 미처 아무도 보지 못하는 반짝이는 보물이 숨어 있습니다.

인생의 석양을 걷는 나그네에게 하나님이 보여주신 아름다운 단풍이 살짝 말을 걸어옵니다. 붉게 물들어 바람에 날아가는 단풍 한 잎을 주워들고서 내면의 깊은 우물에서 퍼 올린 원초의 고백을 적어봅니다. 그리고 거기 더 아름다운 성숙한 의미가 낙엽에 나타납니다. 희생과 헌신의 상징인 낙엽은 겨우내 나무의 성장을 멈추게 하고 몸무게를 줄여 비바람으로부터 보호하고 다시 땅으로 돌아가 썩어 거름이 되고 이불처럼 뿌리를 보호하여 줍니다. 단풍의 아름다움보다 더 숭고하고 헌신된 내면의 아름다움은 낙엽이었습니다. /사랑의 고백//뻐꾸기 울던 메마른 가지/연푸른 옷 지어/시리고 얼은 몸 보듬어 주고//잔풍이 흔드는 여린 꽃 잎새/겹겹이 울타리 되어/가슴에 품어 보호해주며//찬바람 불어 온 가을 날 오후/숨겨진 나의 진실/황홀한 단풍으로 단장하더니//매운 눈보라에 놀라/얼어가는 드러난 뿌리/낙엽 되어 포근히 덮어 주더니//오늘은/한 줌의 든든한 흙이 되어/오늘도 옆자리 너의 자리를 지킨다/' 만산홍엽의 계절, 낙엽으로 쌓인 숲길을 걸어갑니다. 보이는 외형만 보고 판단했던 잘못을 고백하며 더 아름다운 빛깔을 품은 보석 같은 숭고한 내면을 향해 존경의 박수를 보냅니다.

역사가 가르쳐 준 겨울을 준비하면서

시간이 지나고 새 날이 다가오면 당연히 찾아오는 계절, 막상 그날이 이렇게 쉽게 금방 찾아오리라 예비치 못하고 당황하며 서두르는 시간이 되었습니다. 아침 저녁으로 기온이 낮아지더니 이제 불어오는 바람 속에 제법 겨울 발톱이 숨겨져 있습니다. 우리 인생의 여름은 성장하고 성숙된 열매로 익어가게 하지만 가을에 부는 바람은 머지않아 다가올 겨울을 준비하라는 예고입니다. 마치 도로에서 청색불이 끝나고 적색으로 들어오는 사이에 황색등이 예고하여 주듯이 가을은 몰아친 눈보라만이 아니라 깊은 밤 추위와 이겨나갈 슬기로운 월동준비를 하게 하는 것입니다. 피조물 중에 하나님의 형상대로 지으심을 받았고 영혼을 가진 존재인 인간의 문명은 급속도로 발전하여 왔습니다. 그러나 이런 높은 문명의 발달이 이루어지고 지나간 땅에서 지금 우리가 발견할 수 있는 것은 퇴락되어 버린 유적지입니다. 그야말로 화려하고 장엄한 그 문화의 주인공들도 다 어느 인생의 겨울, 흔적도 없이 다 사라져버린 것입니다.

이 땅의 문명은 점점 가속도를 가지고 변화 발전되고 있습니다. 심지어는 불과 며칠 만에 다시 새로운 문물이 지배하는 시대 속에 지금 살아갑니다. 그러므로 뒤처져 따라가는 인생은 언제나 여유를 잃어버리고 조급증 환자가 되어 바둥거리며 잰걸음으로 살아갑니다. 현대인들은 수많은 정보의 바다와 지식 속에 살아가기에 너무나도 똑똑하고 영리합니다. 심지어는 각 분야에 정보까지도 보편적으로 속속들이 알고 살아가는 시대입니다. 더구나 이루어낸 업적에 대한 자부심이 자만으로 바뀌면서 오만해지기도 합니다.

그러나 중요한 한 가지는 모르고 있습니다. 그것은 자기 자신이 하나님께 얼마나 큰 기대와 얼마나 큰 사랑을 받고 있는지를 모르는 것입니다. 이렇듯 사람이 자기를 아는 것이 얼마나 힘든 일인지 인간에게 후에 남는 것이 업적보다도 후회가 많아지는 것입니다. 이렇듯 인류가 인간의 참 위치를 파악하고 자기 인생의 보배로움을 아는 것은 쉬운 일이 아닙니다. 세계적인 역사학자인 영국의 '아놀드 토인비'는 지나간 역사 속에 오늘 우리가 걸어가는 현실을 바라보았습니다. 또한 다가올 미래를 예측하고 준비하며 살아갈 것을 강조했던 탁월한 사람입니다. 그는 수많은 책을 저술하였습니다. 연구학술지 『A Study of History(연사연구)』라는 책에서 이미 이 땅에 한 때에 융성하고 떠나버린 많은 나라와 권세 문명과 역사를 분석하였습니다. 그리고 크게 세 부류로 나누어 설명합니다. 그는 비유로 모든 사람이 지금 망망대해 넓고 먼 바다를 건너 목적의 항구를 향하고 있다고 가정합니다. 그리고 이시대의 인류를 뱃속에 탄 승객들을 세 부류로 비유하였습니다. 그 첫 케이스가 마치 배 안이 그 생의 전부라고 생각하고 배 안에 머무르는 동안 게임을 하고 놀이를 하며 맛있는 음식을 먹으며 먹고 재미있으면 다라고 생각하며 지금 편안하고 지금 배부르고 지금만 행복하면 된다는 부류입니다. 그들은 미래도 이웃도 보지 못한 현세만 추구하는 이기적인 케이스입니다. 또 하나의 케이스는 배 밖으로 보이는 멀리 섬들과 육지들 그리고 사람들과 경치를 보면서 외부적인 곳에 관심을 가지고 살아가는 사람입니다. 그가 주목하는 그 배 안 사람 중에 세 번째 부류는 잠시 후에 도착할 항구 그곳에 관심을 두고 그 곳에서 생활과 그날을 위하여 배 안에 있는 동안 철저히 준비하는 것입니다. 우리의 가야 할 항구를 멀리 바라보며 그쪽 방향을 향하여 모든 힘을 모아봅니다.

ⓒ 이동식

과이불개(過而不改)

붉게 물들어 채 떨어지지도 못하고 나뭇가지에 발버둥하던 잎사귀를 적시며 첫 눈이 내렸습니다. 고개 내민 햇살에 보석처럼 흘러내리는 녹은 물은 마치 핏빛처럼 붉게 방울방울 맺혀 떨어집니다. 해마다 겪는 병처럼 한 해가 저물어 가는 겨울날의 상념은 언제나 아쉬운 슬픔입니다. 애써 여기까지의 대한 감사로 위로하고 의미를 부여하려 하지만 아쉬움과 쓸쓸함은 떠나버린 시간과, 늙어버린 육체의 한계와, 그리고 놓아야 할 일들 앞에 슬퍼지기도 합니다.

시원하게 산허리를 감싸고 불어주던 바람이 차가운 냉기를 품고 투명하게 가슴을 젖히고 파고듭니다. 겨울바람에 지친 석양의 햇살도 움츠리며 서산으로 넘어가고 있습니다. 며칠 전 서울에 일이 있어 고속 열차역에서 내려 택시로 이동하였습니다. 택시를 타면 매번 느끼는 것이 내가 가야 할 곳을 정확하게 기사에게 알려야 하고 바로 가고 있느냐를 확인해야 하고 요금이 올라가는 것에 느낌이 실감되어 거리와 시간의 흐름을 예민하게 느끼게 됩니다. 인생의 흐름과 지나옴을 생각하며 정신이 바짝 나는 것이 나이가 듦이 중요함이 아니라 그 나이에 걸맞는 품격과 삶의 모습을 나타내고 있는가 하는 것입니다.

앙상한 가지가 찬바람에 우는 소리를 내면 흔들립니다. 교수 신문은 올해를 한마디로 표현하는 사자성어를 교수 935명에게 투표하여 50.9%가 찬성한 '과이불개(過而不改)'를 선정 하였습니다. '과이불개'는 지날 과, 말이을 이, 아니 불, 고칠 개, 즉 잘못을 하고도 고치지 않는다는 뜻입니다. 이 말은 중국 고전인 논어에 나오는 말입니다. 논어에는 "과이불개 시위과의(過而不改 是謂過矣)"라는 말이 있습니다. 이 말의 뜻은 "잘못 했으면서도 그 잘못된 것을 고쳐야 하는데 그렇지 않는다는 것"입니다. 그리고 덧붙여서 그래서 이는 잘못한 것도 잘못이고 안 고치는 것도 더 잘못이라는 중첩된 의미를 담고 있습니다. 또 교수 신문은 2위로는 '욕개미창(欲蓋彌彰)'입니다. "잘못 된 것을 없는 걸로 숨겨 버리려 하면 또 거짓말을 하게 되고 결국은 드러난다"는 말을 선정하였습니다. 우리 속담에 "고름이 살 안 된다." 잘못된 것은 시인하고 정직하게 고쳐 나가면 새해에는 더욱 깨끗하고 새로운 시간이 펼쳐질 것이라는 바람이겠지만 문제는 우리의 지난 날의 참 모습을 진단하는 것도 중요하지만 진단했으면 그것을 새롭게 고치고 새해에는 새롭게 바르게 그리고 희망적으로 출발하는 결단과 대안이 있어야 하겠습니다. 우리는 군중 속에 숨어서 진실된 사람으로 살지 못할 때가 있습니다. 그러나 분명 시간의 시작과 마무리가 가르쳐 준 지혜는 인생을 정직하게 읽게 하는 거울임이 분명합니다. 한 해를 마무리하면서 시작과 마무리의 의미를 생각하고 다시 더욱 성숙하고 새로워진 모습으로 새해를 시작하는 준비된 우리가 되길 소원합니다.

남아프리카 바벰바족처럼 잘못한 사람을 분명 재판장에 세우되 온 마을 사람들이 고마운 점을 이야기해주고 그리고 잘한 점을 생각나게 해줘서 그를 돌아서게 함으로 바벰바족 사회에는 범죄가 거의 일어나지 않는다고 합니다. 보복하고 들춰내고 그리고 감추고 마치 실력 발휘하는 세상의 권력의 암투 속에 모두 자신을 돌아보며 예수님의 말씀처럼 "죄 없는 자가 먼저 돌로 치라" 하심처럼 자신을 살펴 서로를 존중하고 쓸쓸하고 허전한 계절을 포근하고 다시 희망을 품고 같이 출발할 수 있는 세월의 지혜를 찾아봅니다. 세월이 가면 저절로 어른이 되는 것이 아니라 오히려 긴장하고 조심해서 어른다운 성품으로 다듬어가는 계절이 되고 싶어집니다.

시린 마음들이 모여드는 따뜻한 난로가 되어

얼어있는 호반의 얼음장이 아침 햇살에 거울처럼 붉은 빛으로 물들어 옵니다. 사공이 떠나 쓸쓸한 함석 배 안으로도 햇살은 찾아와 아침을 실어 놓았습니다. 호반 한켠, 갈대 숲 둥지에 밤을 새운 물새들은 녹은 얼음장 사이로 자맥질을 하며 쉰 목소리로 가족들을 부릅니다.

얼음 위에 올라 자신의 깃털을 말리며 상대의 깃털을 고르는 청둥오리 부부의 몸에는 하얀 수증기가 햇살 따라 하얗게 퍼져 나옵니다. 새벽 운동을 나와 식어버린 벤치 앞에 모여든 사람들의 얼굴엔 웃음소리와 함께 아침 공기가 춤을 춥니다. 얼어버린 마음을 녹여주는 햇살은 모두를 환영하며 맞아줍니다.

새해 벽두부터 나라와 민족의 미래를 이끌 지도자를 뽑는 선거를 앞두고 온 나라가 시끄럽습니다. 후보로 입지한 사람들은 국민들의 마음을 얻으려고 여러 가지 모양으로 자신들을 드러냅니다. 그래서 시시각각 변하는 여론 조사의 결과 앞에 긴장하고 예민하게 반응합니다. 평가 받는 것은 참 어렵습니다. 또한 상대의 마음을 얻어 가까이 다가오게 함은 참 힘들지만 중요하기에 총력을 다하는 모양입니다. 젊은 연인들은 사랑하는 사람의 마음을 얻으려고 각 가지 선물과 말로 자신을 표현합니다. 자녀들은 부모님 마음을 기쁘시게 하고 신뢰를 드리기 위해 순종하고 최선을 다합니다. 직장에서도 그리고 삶의 현장에서도 이웃과 상관, 동료들에게 신뢰를 얻지 못해 군중 속의 외톨이가 되어 사는 사람들도 많습니다.

물론 이 시대가 점점 이기적이고 사랑과 정이 사라져 사막화가 되어 버렸습니다. 그러나 사막에도 오아시스에는 사람들이 모이고 추운 날씨에도 난로 곁에는 사람들이 모입니다. 그리고 무장이 해제되어 손을 내밀고 얼굴의 표정이 풀어집니다. 대부분 사람들은 이 시대를 탓하고 환경을 핑계 삼아 어렵게 살아가며 하루하루를 자신들의 현실을 합리화하며 살아갑니다. 그러나 추위 속에서도 철새 들은 녹아진 얼음장 사이를 찾아 열심히 움직입니다.

"고대 그리스는 동서고금의 여러 철학이 집대성해서 헬라 철학을 꽃 피웠습니다. 그 곳에 내려오는 교훈적인 한 이야기가 있습

ⓒ 김미애

니다. 앞을 보지 못한 친구를 둔 한 친구가 자기 집에 그를 초청하여 무척 행복한 시간을 보내게 됩니다. 그들은 시간 가는 줄도 모르고 밤이 늦었습니다. 어찌 보면 앞을 보지 못한 친구야 낮이나 밤이나 그 친구 집과 자기 집은 수도 없이 자주 다녀서 늘 다니던 익숙한 길이기에 아무 걱정이 없었습니다. 집에 돌아가려 하는 친구 손에 촛불을 하나 들려줍니다. 그리고 말합니다. 자네야 익숙한 길이니 아무 염려 없지만 혹시 다른 행인이 자네를 발견하지 못해 부딪히면 큰일이야 그래서 자네가 이 촛불을 들고 간다면 행인들이 자네를 피해 갈 걸세. 친구는 고마워하며 친구가 건네 준 촛불을 들고 집으로 돌아가는 길에 반대쪽에 오는 행인과 부딪치고 말았습니다. 친구는 행인에게 화를 내면서 저야 앞을 못 보지만 내가 촛불을 들고 가는 데 나를 보지 못하였나요. 그러자 행인이 한마디 합니다. 그렇군요 그런데 지금 당신이 들고 있는 촛불이 꺼져 있네요."

열기를 품은 난로나 화로 곁에는 남녀노소 누구나 부르지 않아도 찾아와 자리합니다. 우리는 지금 내가 들고 있는 촛불이 켜져 있는지 살펴야 합니다. 우리의 열정과 가슴이 이미 식어버렸는지 나의 영적 분별력이 꺼져 버렸는지 스스로를 살펴 다시 불을 피운다면 내 삶의 현장이 따뜻해지고 사람들이 모여들 것이기 때문입니다. 꺼져 가는 내 심장의 등불과 식어가는 내 가슴의 열정에 아침 햇살이 내리는 호숫가에서 소망의 촛불을 밝혀봅니다.

연륜에 어울리는 흔적을 남겨야

　지난 밤 부터 하늘이 심통 난 얼굴을 하더니만 내리던 가을비가 눈으로 바뀌어 내리고 있습니다. 아직은 약하게 뿌려지지만 결국은 온 대지를 덮어놓을 겨울을 예고하는 듯합니다. 금방 녹아 물방울 변하는 첫 눈을 아쉬움 속에 맞이합니다. 금년 한해 마무리하는 시간 앞에서 더 열심히 하지 못하고 더 깊이 살지 못하고 또 환경과 형편을 핑계로 아무것도 하지 못한 자신에 대한 억울함이 첫눈의 눈물이 되어 내리고 있습니다. 그러나 어찌 흘러갔든 지나간 시간은 인간사에 소중한 경험과 배움을 주는 재산임이 분명합니다. 세상에 모든 깨어있는 부류는 연륜을 소중히 인정합니다. 그리고 존중합니다. 왜냐하면 흘러간 시간과 그 사건을 통해 그만큼 성숙해졌기 때문입니다. 사실 우리가 점점 나이가 먹는 것이 유쾌하게 받아들여지지 않습니다. 왜냐하면 그만큼 쇠약해진 육신을 지고 가야 하기 때문입니다.

그러나 이 연륜과 시간이 두려운 일이긴 하지만 중요한 일이라 여기는 것은 연단되고 깨달아지고 그로 인해 배워진 생각도 행동도 훨씬 더 기품이 있기 때문입니다. 군 생활을 추억해보면 고참 병장들은 교육 훈련에 적극적이지 않고 대충하는 듯 여겨지지만 결국 교육 후 테스트를 하는 이른 바 평가시간에는 신병들이 몸부림쳐도 들 수 없는 것을 거뜬히 들고 이루지 못하는 성과를 이루어내는 것을 봅니다. 이로 인해 속된 표현으로 '군대 짬밥은 무시하지 못한다.'는 말도 있는 것입니다. 시간은 사람들의 품성을 다듬어주고 더욱 고상하게 인격을 익어가게 합니다. 그래서 성경은 하얗게 백발이 된 머리 앞에 존중하는 마음으로 일어나라고 합니다. 구약 레위기 19장 32절에는 "너는 센 머리 앞에 일어서고 노인의 얼굴을 공경하며" 그만큼 나이든 분들을 공경하라고 합니다. 얼마 전 바닷가에 산책을 갔다가 둥그러진 돌멩이 하나를 들고 감명을 받았습니다. 마치 그 돌은 깊은 영성을 가진 수도사의 모습처럼 엄숙함도 있었습니다. 아마도 그 돌도 원래는 큰 바위의 한 부분인 원석에서 깨어져 나올 때는 엄청나게 날카롭게 모가 난 돌이었을 것입니다. 그러나 그 예리하던 돌이 세월이 흐르면서 물에 구르고 흙에 부딪히고 바람에 맞아 사람에게 밟히다 보니 남을 찌르거나 모난 부분이 다 없어지고 이제는 누구나에게 친근하고 가까이 하고 싶어 하는 부드럽고 동글이가 되었다는 것을 압니다. 그래서 우리말에 '나이 값 좀 해라'는 뭔가 나이와 인격과 삶의 내용이 좋아지고 덤덤하게 달라지기 때문입니다. 이른바 인생의 성장 과정을 보면 영아기, 유아기, 청소년기, 성인기를 거치면서 여러 차례 전환점을 지날 때마다 점점 성숙해집니다. 이해심이 넓어지고 배려심도 커지고 참을성도 강해집니다. 그동안 움켜만 잡던 것도 나누고 내려놓고 버릴 줄 알게 됩니다. 요즘 신박하게 정리한다는 것은 버릴 것은 과감하게 버리고 쓸 것만 남겨놓는 정리입니다. 정이 들고 아깝고 나중에 두면 쓸 것 같아 버리지 못하면 자리만 차지하고 독이 될 수 있습니다. 사실 먹는 것이야 몇 번 걸러도 생명에 지장은 없습니다. 그러나 화장실에 가지 못한다면 이는 곧 고통과 죽음으로 가는 독이 된다는 것입니다. 누군가 이렇게 설명하였습니다. 나이가 들면서 귀가 잘 안 들리는 것은 이 소리 저 소리 다 참견하지 말라는 것이고 몸이 부자유스러운 것은 좀 쉬면서 다른 사람에게 맡기며 시력이 약해짐도 다 알려고 하지 말고 살아가라는 하나님의 섭리라는 것입니다. 인생의 연륜에 걸 맞는 더 능력 있고 성숙하고 아름다운 무늬를 남기고 싶습니다.

시간의 팡세

흙냄새 정겨운 싸우대 쪼개 촘촘하게 엮은 오두막 봉창 틈으로 붉어진 겨울햇살이 인사하며 고개를 내어밉니다. 읍내 장터 환쟁이가 그려준 할아버지의 사진이 내려다보는 흙바람벽에는 마지막 달력 한 장과 누군가 구해준 새 달력이 하얀 실에 매달려 걸려 있습니다. 구들장은 뜨근거리며 아담한 담요 아래로 손자 먹이려는 사랑의 밥그릇들이 묻혀 있습니다. 하얀 눈이 내리던 어린 시절 외가 할머님 댁의 겨울은 정말 따뜻하고 행복했습니다. 이제는 하얀 눈 대신 백발이 내려 저물어가는 인생의 겨울을 맞이했건만 주름진 얼굴 사이로 웃으시던 외할머니의 미소 같은 밤이 그리워집니다.

언제나 그대로일 줄 알았는데 세월은 훌쩍 지나 저만치 도망가고 낯선 모습으로 서 있는 중년의 가슴은 아직 그 행복에 머물러 떠나지 못하고 있습니다. 금방 이름을 부르며 나오셔서 손을 잡아 맞아주실 것 같은 생각에 두리번거리지만 홀로 서 있는 얼굴 위에는 석양의 햇살이 검정색으로 짙어져 갑니다. 해마다 나의 삶에 대해 가장 생각이 많은 시간이 이맘때입니다. 정신없이 달려온 시간들, 그리고 또 하나의 고개를 넘어서 나타날 새로운 내일을 설렘으로 기대하는 연말연시이지만 초라하고 부끄러운 성적표를 든 아이처럼 고개가 자꾸만 숙여지기만 합니다.

　서점에서 본 듯한 불가능한 일이겠지만 간절한 마음이 읽어지는 어느 소설의 제목처럼 어디엔가 "시간을 파는 곳"이 있다면 좋겠습니다. 그러므로 놓쳐버린 시간들을 다시 살 수만 있다면 그동안 자유롭던 수많은 일들과 소중한 사람들 그리고 기회를 소홀히 보낸 후회를 고쳐서 넘기고 싶어집니다. 언제나 지나가버린 것은 늘 아쉽고 새로운 것은 항상 두려운 일입니다.

　해외토픽에 보니 코로나로 인간들의 활동이 주춤해진 동안 자연들에게는 회복의 시간이었다는 역설을 들었습니다. 히말라야 산이 보이던 인도의 북부지역에서는 대기 오염 등의 요인들로 인해 오래전부터 볼 수 없던 히말라야의 하얀 눈이 30여 년 만에 다시 보였다고 합니다. 운전하고 지나갈 때는 보지 못한 주변의 장관들이 운전석을 벗어난 자리에 앉으면 보이는 것처럼, 우리는 바쁘게 성공 지향적으로 전력질주하며 앞만 보며 분주하게 살아왔는데 금번에 삶의 속도를 줄이고 잠시 멈추어서보니 그 소중한 가족들이 환경들과 나의 모습이 선명하게 보인다는 것입니다.

17세기 문예부흥으로 인본주의로 치닫던 시대. 바른 정신문화의 스승이었던 프랑스의 사상가 '블레즈파스칼'은 그의 저서 『팡세』(프랑스어로 '생각')를 통해 인간의 존재에 대한 의미를 소개하며 "인간은 생각하는 갈대"라는 유명한 말을 했습니다. 파스칼은 만물의 영장으로 군림하는 우리 인간이 실제로는 얼마나 연약한 존재인지를 일깨워 줍니다. 그리고 인간은 질그릇처럼 연약하기에 겸손하게 자신을 살피는 생각이 필요하며, 더욱 창조주 하나님을 찾고 찾아 붙들어야 한다고 강조하였습니다. 지금은 어찌 보면 더 굳어져 망가질 지구촌을 향해 주신 선물 같은 기회입니다. 진흙이 부드러워야 도자기도 만들고 씨앗도 품고 자라게 하며 집도 지을 수 있습니다. 우리의 굳어진 삶들이 다시 부드러워지고 대장간에 무쇠가 달궈져 부드러워지면 소중한 도구로 만들어 지듯이 지나간 시간을 거울로 삼아 일어나야 합니다.

새해를 맞이하는 소중한 언덕에 올라서서 순수하고 부드러웠던 그 시절의 이쁜 마음을 꺼내어 새날의 그림을 그려봅니다.

희망의 열차에 부푼 가슴으로

　산마루를 흘러내린 석양의 햇살이 세월의 모퉁이를 붙잡고 아쉬운 작별을 고합니다. 이 세상 어떤 영웅호걸도 세월 앞에는 장사가 없다는 말처럼 모두 더해가는 나이 앞에 어떠한 저항도 내놓지 못하고 사그라져 감은 세월이라는 힘은 어떤 힘도 덮을 수 없는 존재이기 때문입니다. 하루가 지나고 한 계절을 만나고 또 한 해를 시작하여 꿈이라는 단어와 기대라는 열쇠로 문을 열었습니다.
　우리는 출발선상에 지나온 나의 모습에서 오늘을 사는 결단과 각오를 점검합니다. 한 해를 마무리 하던 결산의 자리에서 '얼마나 따뜻하게 살았으며 사랑하고 살았는가?' '얼마나 최선을 다해 책임감을 가지고 열심히 살았는가?' 후회투성이로 가슴을 치던 기억을 기준으로 삼아 오늘의 발걸음을 내딛어 갑니다. 한 시대 존경받았던 정치인으로 그리고 사람들의 마음을 감동시켰던 작가였던 벤자민 디즈레일리(Benjamin Disraeli)는 "이 세상 사람들에 성공을 이루는 비결이 있는데 그것은 그 사람들에게 기회가 찾아올 때 그 사람이 얼마만큼 준비가 되어 있느냐에 따라 결과가 정해진다"고 했습니다. 준비는 당연히 갈고 닦는 기능적인 부분도 있지만 그보다 더 바르게 하고 온전케 하려는 정신적인 결심이 중요합니다.

　미래는 마치 설계도 같은 마음의 그림이 현실로 나타나기 때문입니다. 우리는 다시 오늘의 자리에서 내일을 꿈꾸며 청사진을 꺼내 준비합니다. 준비하는 일은 다가오는 시간들을 여유와 풍요로 그리고 성공으로 이끈 유일한 방법입니다. 겨울을 앞두고 월동 준비를 하던 선조들처럼. 찬바람이 불어오면 나무를 베어 장작을 준비하고 땔감을 모으고, 풍성한 알곡을 수확하여 창고에 겨우내 먹을 식량도 저장합니다. 또한 여인들은 김장을 하여 찬을 준비하고 땅 속에 무를 묻고 고구마를 저장하면서 겨울 날 음식을 채비합니다. 가을 햇살에 솜이불을 꺼내어 솜을 보송보송 타고 초가지붕을 새 옷으로 입혀 놓습니다. 그러므로 무서운 눈보라가 몰려와도 그리고 움직일 수 없는 환경 속에서도 도리어 여유롭고 행복한 것입니다. 서울의 모 백화점 성탄절 장식이 지난겨울 이슈가 되었습니다. 그런데 그 장식을 총 준비한 담당자 말에 의하면 2월부터 무려 10개월 동안 준비한다고 합니다. 누구나 여름이 가면 가을이 오고 가을이 가면 겨울이 오는 것을 의심하지 않습니다. 인생도 마찬가지입니다. 암벽을 오르거나 고층을 오르려는 사람들은 철저히 복장과 장비를 준비하고 더욱 꼭 묶고 암벽을 올라갑니다. 그러기에 그 바위 위에서도 마음에 안정감을 누리며 결국은 그 꿈을 이루는 성취의 주인공이 되는 것입니다.

　세계적인 문호 헤밍웨이에게 노벨문학상이라는 영광을 안겨준 작품은 『노인과 바다』입니다. 이 작품에서는 인간이 꿈꾸는 소망과 그러므로 성취한 행복 그러나 허망한 결과 앞에 다시 꿈을 꾸는 인생의 모습을 그리고 있습니다. 84일 동안 고기를 잡지 못한 산타이고는 꿈을 꾸면서 바다로 나가 크고 힘이 센 청세치와 사흘 동안 몸부림치며 잡았으나 엄청난 크기 때문에 배에 싣지 못하고 배 옆에 걸고 돌아옵니다. 그러나 상어가 이 새치를 뜯어 먹어 항구에 돌아왔을 때는 결국은 뼈만 앙상히 남았고 그 이야기를 말동무였던 소년에게 설명했지만 이해하지 못합니다. 노인은 그날 밤 또 꿈을 꾸고 일어나 다시 소망을 품고 바다로 나갑니다. 우리도 그 노인처럼 꿈꾸는 신년 열차에 부푼 가슴을 붙들고 자리를 잡았습니다.

희망의 동산을 향하여

　싸락눈이 이른 아침부터 온 동네 참새들이 정미소로 모여 대목을 앞둔 장날처럼 활기찬 시작을 엽니다. 짧아진 밝은 시간 때문인지 그들의 세계는 벌써 한 나절을 넘긴 듯 생동감이 넘칩니다. 오늘도 계절의 시계는 차질 없이 흘러가는데 돌멩이에 걸린 듯, 부상 입어 주저 앉은 듯, 우리 삶은 아직도 두려움과 부담감의 덫에서 방황하고 있습니다. 인생은 마치 미지의 목적지로 향하여 나그네입니다. 그리고 소홀했던 일들을 한없이 후회하고 안타까워하며 항상 두려움의 짐으로 망설입니다. 그러다가 기회를 놓쳐 버린 후에 그제야 발을 동동 구르며 과거에 대한 미련을 놓지 못하는 것입니다. 그래서 진정한 지혜는 지금이라는 기회를 보물처럼 여기고 소중하다는 것을 인식하는 것입니다.

지구상에는 기념비적인 수많은 예술작품이나 문화재가 있습니다. 그중에 '모나리자'는 전 세계가 모두 인정한 최고의 가치를 지닌 작품으로 존중되고 있습니다. 그래서 약 40조 원 정도의 가치가 있다고 평가하기도 합니다. 평론가들은 루브르박물관의 심장이라고 까지 극찬하며 그 가치를 인정합니다. 그런데 지금으로부터 100년 전까지 모나리자는 지금처럼 평가받지는 못했습니다. 루브르박물관에서 시설 관리를 하던 유리전문가인 페루자라는 사람은 이 모나리자가 이탈리아의 작가인 레오나르도 다빈치 작품이니 자기 조국 이탈리아로 가져가야 된다며 1911년 모나리자를 훔쳤습니다. 그러나 범행이 밝혀지고 2년 만에 루브르 박물관에 다시 전시합니다. 이일로 수많은 관람객들과 특히 이탈리아인들이 이 작품을 보기위해 몰려들게 되므로 루브르 박물관에서는 별도의 공간을 만들고 최고의 보안 시설을 갖추어 전시하고 있습니다. 인간은 어리석게도 이미 주어진 행복한 선물을 인식하지 못합니다. 그러나 그것이 떠난 후에 그제야 발을 동동 구르며 안타까워하고 후회에 빠져서 억울해 합니다. 마음껏 활동할 수 있던 건강도 질병으로 제한 받게 되면 그제야 한번이라도 그런 시절로 돌아가고파 애달파 합니다. 사랑하는 사람들에게 소홀했던 시간들도 그들이 영영 떠나가 버린 뒤에 그 빈자리에 가득 한숨만 채우는 것이 인간인 모양입니다.

최근 외국의 한 온라인 커뮤니티가 '딥 페이크'라는 기법으로 이미 우리 곁을 떠난 사람들의 사진을 다시 합성해서 생생하게 지금 옆에서 웃고 있는 것처럼 동영상으로 보여주는 서비스가 생겨 화제입니다. 누렇게 빛바랜 수형인 시절 유관순 열사의 사진만 보던 우리에게 친근한 누이처럼 미소를 지으며 눈까지 껌뻑이는 동영상이 친근하기도 하지만 애처롭게 보이기도 합니다. 오히려 감옥의 간수들까지 존경했다던 안중근 의사의 모습에서는 친근한 이웃집 아저씨 같은 의연한 모습이었습니다. 그 서비스 커뮤니티에서 이런 애국자들의 사진을 동영상으로 만들어 주자 우리는 지금 우리가 누리는 자유와 이 행복이 얼마나 많은 희생을 치르고 얻어진 것임을 새삼 생각하게도 합니다.

　우리의 풍요, 우리의 자유, 우리의 행복을 누리면서 지금 우리는 다시 다짐해야만 할 것 같습니다. 목숨 걸고 찾아준 우리의 이 현재의 보물을 다시 빼앗기지 않으려면 소중한 마음으로 잘 관리해야 할 것입니다. 지난 명절에 돌아가신 어머니 모신 납골당이 코로나 확진자 동선과 겹치므로 폐쇄가 되어 못가 본 아쉬움에 고향 어머니 사시던 옛집을 돌아보았습니다. 딥-페이크 기법처럼 내 마음은 허물어져 가는 건물 이곳저곳에서 금방 웃으시며 달려 나오시는 어머니의 모습이 생생하게 그리어 집니다. 누렇게 퇴색되고 굳어버린 사람들의 표정에 딥-페이크 기법을 가한 듯 다시 사람들의 마음도, 표정도, 삶의 현장도 다시 천연색 컬러로 물들어 밝아지고, 사진이 동영상으로 살아나듯 밝은 미소가 피어오르고 행복한 응원가처럼 힘찬 삶의 음향이 채워지는 희망의 동산을 거닐고 싶습니다.

이동식 시·산문집

꽃비 내리는 창가에 서서

2023년 7월 10일 인쇄
2023년 7월 15일 발행

지은이 | 이 동 식
펴낸이 | 강 경 호
인 쇄 | (주)시와사람
등 록 | 1994년 6월 10일 제 05-01-0155호
주 소 | 광주시 동구 양림로119번길 21-1(학동)
전 화 | (062)224-5319
팩 스 | (062)225-5319
E-mail | jcapoet@hanmail.net

ISBN 978-89-5665-680-9 03810

값 12,000원

＊지은이와의 협의로 인지를 붙이지 않습니다.
＊이 책은 전라남도문예진흥기금에서 제작비 일부를 지원받았습니다.
＊잘못된 책은 바꾸어 드립니다.

공급처 ■ 한국출판협동조합
경기도 파주시 탄현면 오금리 202번지
주문전화 (02)716-5616, 070-7119-1740